高职高专酒店管理专业工学结

酒店沟通技巧

邵雪伟 著

ZHEJIANG UNIVERSITY PRESS
浙江大学出版社

图书在版编目（CIP）数据

酒店沟通技巧 / 邵雪伟著. —杭州：浙江大学出
版社，2010.3（2025.1 重印）
ISBN 978-7-308-07401-8

Ⅰ.①酒… Ⅱ.①邵… Ⅲ.①饭店－企业管理－人际
关系学－高等学校:技术学校－教材 Ⅳ.①F719.2

中国版本图书馆 CIP 数据核字（2010）第 030117 号

酒店沟通技巧

邵雪伟　著

策划组稿	孙秀丽（sunly428@163.com）
责任编辑	徐　霞
封面设计	卢　涛
出版发行	浙江大学出版社
	（杭州市天目山路 148 号　邮政编码 310007）
	（网址：http://www.zjupress.com）
排　版	杭州青翎图文设计有限公司
印　刷	浙江临安曙光印务有限公司
开　本	787mm×1092mm　1/16
印　张	12
字　数	280 千
版 印 次	2010 年 3 月第 1 版　2025 年 1 月第 19 次印刷
书　号	ISBN 978-7-308-07401-8
定　价	36.00 元

INTRODUCTION 内容简介

　　酒店沟通技巧是一门开发学生沟通能力、以能力为本位的实践型课程。

　　本书基于工作过程分析，将沟通事务过程典型化为亲和、知人、表述、促成、异议化解的一般沟通程式，再据能力本位构建沟通认知、亲和力、知人力、表述力、促成力、异议化解力、常用沟通方式、酒店沟通事务综合训练这八个模块。每个模块的内容包括活动与案例、学习目标、理论知识、能力训练、思考与练习、知识拓展，开展体验、单项技能训练、综合能力训练等实训，从而养成客户沟通力。

　　本书的培养目标是提升面向客户的基础沟通力，所以主要适用于酒店管理、旅游管理、营销等专业的学生与从业人员。同时，它也可以作为职业经理人等管理人员开展沟通能力训练的参考资料。

沟通无处不在，无时不有。

一、编写背景

客户是公司的"衣食父母"，客户是员工的"上帝"。客户满意是影响公司生存与发展、员工绩效的关键因素，所以客户沟通能力对于公司和员工本人至关重要。

在校大学生应积极学习知识、培养能力，其中，沟通能力的培养是关键。实践证明，积极的心态、良好的人际沟通能力和实践能力是大学生最重要的素养。基于这种情况，浙江经济职业技术学院工商管理学院非常强调学生沟通力的培养，专门开设了沟通力训练课程。同时，我院大力推行能力本位教学改革，致力于能力有效养成的课程教学探索。在构建沟通能力有效养成教学模式的过程中，我们基于能力本位系统化建构能力标准、利用工作过程系统化架构教学情景，取得了初步成果，但我们也遇到一个严重瓶颈：缺乏合适的教材。

课程教学配以合适的教材才能取得优良效果。目前，有关沟通类的教材与书籍非常多，它们都很全面，知识包罗万象，涵盖各种情景。由此出现的弊端是：过于偏重描述性，能力养成的具体方法介绍、能力训练很少；各种沟通方式一一介绍，没有一般沟通程式的整合与介绍。这样一来，教师在授课过程中难以提纲挈领，只能分头讲解、面面俱到，教学不易展开、不好把握；由于知识点庞杂，学生会觉得无从把握，学习的信心与积极性受到影响，最终掌握到的十分有限。总之，现有沟通类教材不太适合教学，尤其不适合能力养成的实践教学，而适合作为参考资料。于是我们就结合教改研究与沟通技巧教学实践,在不断完善教学实施纲要的基础上,参考相关人际沟通著作、客户服务教材,计划写一本基于能力本位与行动导向、实施项目实训教学,适合于酒店管理、旅游管理、营销等专业学生培养客户沟通能力的实践型教材。

二、编写理念

为了有效支持沟通能力培养的实践教学,教材经过精心设计,在理念、目标、内容编排等方面详细规划,编写理念富有特色。

(一)能力本位、过程导向

以能力为本,构建能力目标,围绕能力养成,强化实践教学。本书强调能力本位,每一个模块都清晰列出相应的能力目标,在适当的能力目标引导下展开教学,教学展开有明确的针对性。

依据行动导向,按岗位工作进行系统化整合,形成一般化的工作过程,然后据此构建教学情景(包括实践教学设计),展开实践教学的内容模块。

(二)过程主轴、情景辅助

整合各种沟通方式,一般化为通用沟通程式,内含若干环节,以此为主轴,串联各种情景融为一体。一环节构建为一模块,各情景成为项目,根据模块间的沟通程式安排前后次序。

1. 主体是由工作过程转化而来的一般沟通程式,去繁取精,以简洁的精要统驭繁复的多种沟通情景,容易把握,实施有效。

2. 以通用沟通程式构成主体,包括亲和力(亲和关系建设)、知人力(察知心理需求)、表述力(有效表述)、促成力(有效促成),它们构成若干模块成为主干;询问、聆听、开场白等具体的沟通情景方式,纳入相关模块成为项目;再加上具体沟通事务情景或情景的某一段过程的能力训练,作为附属于项目的实训任务,如此构建"模块—项目—实训"的内容体系。

(三)实训为基、理论适当

实训内容是本书的内容基础,每一模块或项目的开始、中间、结尾都有实训环节,讲、练、评、改有机结合,这样才能充分养成实践能力。在实训过程中,学生必须理解并掌握相关方法与技巧,所以必须配以理论作为背景知识介绍。

(四)目标初级、知识拓展

一般的客户沟通能力培养是面向普通员工,在知识内容广度、能力水平高度上以中基层岗位能力目标为定位基准。基于此,本教材在内容上把握够用原则,不求多,只求有限能力的熟练掌握与运用;在方法上,尽可能简单通俗,以生活化的语言和案例来说明。在中基层岗位能力目标之外的知识与能力,比如大堂经理、总监的能力素养等,则用知识拓展的方式加以介绍。

(五)基于酒店、涉猎各业

本书以酒店行业为背景开展介绍,在理论探讨、案例分析、能力训练中以酒店服务业为主体,另外适当涉及与引用其他行业的各种沟通情景。比如,结合实际,以将来职业工作中的场景作为案例与问题点,或适当引入平时大学生生活中的场景作为分析案例和实训任务,以跟上时代发展,与时俱进。

三、使用对象

本教材的使用者包括酒店管理、旅游管理等服务专业的学生,也包括酒店业的中基层岗位人员,即"准员工"与"初级员工"。它适于用来训练初级沟通力。

另外,本教材也适用于营销等客户沟通类专业的学生及从业人员,以及为提高沟通力而学习的各类人士。客户沟通力是一种实践的艺术,普通本科学生与高职高专学生都应学习、掌握和运用,对两者来说,本教材都是适宜之选。

四、教师教学

(一)本教材以中基层岗位客户沟通力养成为目标。

(二)强调实训教学与互动训练,学习之后立即进行实训练习并及时评点改正。

(三)合理的实践教学设计是:情景案例分析与能力测试→引导出问题,找出自己的差距→提出能力目标与达成路径→理论讲解→案例分析→教师示范→同学训练、录像→录像播放与点评→再训练,直至正确→完成实训报告;重点是"示范→实训→录像→播放与点评→纠正性实训"。

(四)教师应有客户沟通方面的工作经历。作为开展沟通技巧教学的教师,若没有体验过面对客户的心理与压力,将难以与学生共享经验或提出建议。

五、学生学习

对学生而言,有效的学习方法是:先通读本书,对所配备的案例、思考题、实训练习等进行思考并尝试练习,而后配合老师准备模拟实训,之后积极参与实训和评点,再进行纠正性训练,最后完成实训报告。此外,还要做到以下三点:

1.知而后行。以客户沟通技巧来指导日常行为,以所学原理作为自己的行动指南。单是知道而不运用是没有效果的——学而不用,不如不学!

2.行而后思。对自己的日常行为要一日三省,通过对照沟通原理来反思日常行为,从而发现自己的不足,领悟沟通与人际交往的真谛。

3.保持积极的心态,积极的心态是有效沟通的前提,守护好自己的"心"吧!

本书是笔者多年来从事客户沟通实践、企业培训以及客户沟通教学工作的结晶,算是酒店客户沟通理论领域的一次创新,所以必定存在很多不完善的地方,请有识之士斧正。书中的案例来自亲身实践、相关资料以及酒店业经理人所提供的若干情景记录。在写作过程中,我获得了很多学生的帮助,余楠、何燕、张露萍、鲍青青等同学为我整理资料与案例;邬扬波经理在百忙中审看纲要、整理并提供案例;妻子米馨与儿子天天给我创造了安静的环境并提供了坚实的支持;张秋垫副院长、浙大出版社的编辑为本书出版付出了很多精力。在此,感谢他们的帮助。

邵雪伟

2010 年 2 月

CONTENTS 目 录

导　言

情景活动 0.1　　　　　　　　　　**串名字介绍**

活动过程：

1.第一位同学介绍自己的特征信息,包括:籍贯、生日、兴趣、性格、最喜欢的格言。

2.第二位同学介绍时,采用"我是×××(即第一位介绍者)后面(或左/右面)的☆☆☆,×××是……(复述前一位同学的介绍),我是……"的句式。

3.第三位同学的介绍同上:先复述前面同学(第一位、第二位)的个人信息,然后再介绍自己。

4.其余同学同上:先详细介绍前两位同学信息,再介绍自己;或者除了详细介绍前两位同学的信息外,再简介其他同学的信息,之后介绍自己。

【即问即答】

(1)谁的表述最打动你? 哪几个方面打动你?

(2)你平时一般是怎样发言的?

(3)在开会时,作为一名员工或经理,该如何发言?

(4)发言时,在肢体动作与表情、语音语调、话语内容等方面有哪些需要注意?

(5)你从这次情景活动中感悟到什么?

案例导引 0.1　　　　　　　　**"巴比伦通天塔"的故事**

在《圣经·创世记》中有一个关于巴比伦的故事。洪水之后,诺亚的后代繁衍得越来越多,遍布各地。那时候,人们的语言与口音都没有什么大的区别,人们共同劳作,彼此配合,努力建造了繁华的巴比伦城。他们为自己的成就而感到骄傲,为了显示自己的力量,传颂巴比伦人的赫赫威名,他们决定修建一座通天的高塔。因为大家语言相同,齐心协力,阶梯式的通天塔建得非常顺利,很快就高耸入云。

上帝看到人类如此的统一和强大,心想他们如果真修成宏伟的通天塔,那以后还有什么事干不成呢? 他决定要制止人类的伟大行动。于是,上帝离开天国来到人间,按照肤色与长相将人群分类并分别召集他们。他对每群人说:"只有你们是最聪明能干的,付出也最多,'通天塔'的所有权应当属于你们,你们要发明自己的语言来进行内部交流。"于是,人们便分成不同的族,各自使用不同的语言。人类的感情无法交流,不可避免地出现了猜疑、争吵、斗殴,由此导致了人类之间误解的产生,最后每族只好各找一块陆地来生存繁衍。更具灾难性的是,人类为争夺"通天塔"的主权开始了连绵不断的战争。各族内部,人人出于私利而争当首领,开始互相诋毁、搞阴谋。当人们忙于争夺时,修建"通天塔"的工程停止了,"通天塔"终于半途而废。上帝的目的达到了,从此,人类就再也没有共同开展过宏伟的工程。

【即问即答】

(1)从"巴比伦通天塔"的故事中,你得到的启示是什么?

(2)上帝为什么会成功?人类为什么由此而离心离德、四分五裂?

学习目标

【知识目标】

1.初步理解沟通的意义与内涵;

2.明白沟通力学习的方法与要求。

【能力目标】

1.领悟沟通的必要性;

2.初步判断自己在沟通中存在的问题和不足。

理论知识

一、为什么学习沟通

人类通过交流才能生存,才能生存得有意义。如果我们无法在适当的场合适时地说出适当的话,使适当的人喜悦,以达成共同的目的,则是沟通的失败。

对于大多数人而言,所谓的沟通就是希望"对方能够听懂自己的意思,并按照自己所说的去做"。这种沟通演变到最后,双方可能因为沟通恶化而大吵一架,或是你说你的、我做我的,无法达成共识。为什么呢?因为你把自己放在一个"领导"的位置,是在下达指令,不是在与人沟通。人们会发现沟通有困难,甚至越是面对关系密切的人,沟通起来越困难。这种情况在工作与生活中经常发生。

【即问即答】

列举一个自己经历过的沟通失败事件,分析其症结所在。

(一)沟通的价值

1.沟通满足了人的社会生存需求

人是社会的动物,人无法离开社会而独自生活,必须要直接或间接地与其他人交往。通过沟通实现人与人的交往,才能保证学习、生活、工作、社交的顺利进行。

2.沟通力决定了工作质量与生活品质

阅读以下几则资料:

(1)据权威的1995年英文版《工商管理硕士成绩录》所载,经过对全球近千家企业的调查分析,在十项MBA才能指标中,最为重要的三种能力是分析判断能力、商业经营思想和良好的沟通能力。

(2)美国普林斯顿大学的研究人员曾对1万份人事档案进行分析,他们发现,智慧、专业技术和经验只占成功的25%,其余75%取决于良好的人际沟通。

(3)哈佛大学就业指导小组1995年的调查结果显示,在五百名被解雇的人中,因人际沟通不良而导致工作不称职者占82%。

(4)日本企业之神,松下电器公司的创始人松下幸之助有句名言:"伟大的事业需要一颗真诚的心与人沟通。"松下幸之助正是凭借其良好的人际沟通艺术,驾轻就熟于各种职业、身份、地位的客户之中,赢得了他人的信赖、尊重与敬仰,使松下电器成为全球电器行业的巨头。

沟通力是一项关键能力,它决定了个人的工作业绩、职业生涯乃至整个人生的成功与否。

(二)学习沟通的必要性

1.沟通障碍普遍存在

大多数人习惯于从自己的角度、按自己的方式与别人沟通,希望对方按自己的要求去做,但结果往往是沟通无效、发生争吵。因为本性的自我常使人定位于"领导人＋下达指令者"的角色,以致"你说你的、我说我的,无法达成共识"。可以说,大多数人的沟通行为存在一些偏差,沟通力有待提高。

在这方面,一些大学生表现得尤其明显,有时甚至会令其老师、家长、同学、朋友忍无可忍。如果"没有人生信念、没有是非标准、没有感恩之心、没有基本礼仪,不顾他人感受……唯有自私、娇惯、怕吃苦、情绪化……不听不问、没有正反馈、心在焉、做小动作……",怎能让别人接受、喜欢、信任?怎能指望别人给你机会、与你合作,从而走向发展的坦途?我们不应放纵本性中的自我。

2.职业发展需要较强的沟通力

人们在工作中需要与客户打交道,对于以向客人提供服务为产品的酒店工作,沟通的质量决定了酒店的服务质量,从而决定了客人对酒店的满意度与忠诚度。作为日后从事酒店业工作的学生,学好沟通技术,提升沟通力,意义大,必要性强。

二、在沟通中学习什么

作为以酒店管理、旅游管理为职业发展方向的大学生,必须具备服务意识、服务技能、实践操作能力,综合表现为面向客户的人际沟通能力,即服务岗位的客户沟通能力。沟通力培养的标准可以界定为:中基层岗位的服务员所需要的基础沟通力。其内容基本限定为酒店服务,从而将经理、高级经理所需要的中高级沟通力排除在外,必要时以知识拓展进行补充。

学习目标定位:酒店服务业中基层岗位的基础客户沟通能力。

酒店服务员所应具备的客户沟通能力,包括沟通理论知识、酒店沟通技巧与沟通方式运用。所以,在教学中应设计有效的学习情景,通过理论教学与实践教学养成酒店客户沟通能力。酒店客户沟通能力、学习情景与教材设计如下表(见表0-1)。

表 0-1　酒店客户沟通能力、学习情景与教材设计

酒店客户沟通能力		学习情景		教材设计
沟通体系	酒店客户沟通能力结构	教学模块	教学设计	
导言	沟通充要性认知	导言	实践与理论	导言
沟通认知	沟通与人际沟通	认知沟通	实践与理论教学	模块一:沟通认知
	酒店客户沟通			
	有效沟通技巧			
酒店通用沟通力	积极心境与服务意识	自我沟通训练	实践与理论教学	模块二:亲和力
	亲和力	亲和力训练		
	知人力	知人训练		模块三:知人力
	表述力	表述训练		模块四:表述力
	促成力	促成训练		模块五:促成力
	异议化解力	异议化解训练		模块六:异议化解力
酒店沟通方式	口头沟通	口头训练	实践与理论教学	模块七:常用沟通方式
	电话沟通	电话沟通训练		
	书面沟通	书面写作训练		
	网络沟通	网络沟通训练		
酒店事务沟通技能	服务沟通	服务沟通训练	综合训练:实践教学	模块八:酒店事务沟通综合训练
	营销沟通	营销沟通训练		
	投诉与突发事件	投诉与应急训练		
	内部沟通	内部沟通训练		

三、怎样学习沟通

根据学习情景开展教学,养成酒店管理、旅游管理等服务专业大学生的客户沟通能力。

沟通是实践的艺术,学生只有经历实践、运用、反复实践、测评、再实践的过程,才能掌握沟通技能。所以教学中要求:

(一)学生积极主动学

1. 对照客户沟通力考核表(表0-2),客观认知自己、找到优点与不足,确定学习目标。

表0-2　客户沟通力标准考核表

	考核要素	不	及	良	优
整体	整个沟通过程:合乎程式(亲和→知人→表述→促成)、自然流畅				
亲和力	合亲和程式:积极心态→形象仪态→见面礼仪→同步沟通				
	心态:自信、感恩、悦纳、热情待人				
	形象:衣得体、洁净,仪态端庄大方				
	礼仪:笑着注视→见面有礼(尊称→握手→递/接名片)				
	开场白:寒暄→铺垫→提出主题→简述益处→征求意见				
	同步术运用:简单八同/情绪同步/声音同步/语言同步/价值观同步				
	聆听、认同在沟通中的有效运用表现				
知人力	合知人程式:观察→询问→聆听				
	观察:对客户的场所与人格的观察判断				
	询问:开放式询问→高获得性→想象式→封闭式询问→……→封闭式询问				
	聆听:专注,点头-微笑-眼睛交流-身体前倾,适时询问,记录,复述核对				
表述力	合表述程式:认同→FAB表述→证明→核实确认				
	运用FAB表述				
	异议化解(积极心境→同理心→探询原因→再表述与证明……)				
促成力	合促成程式:心动信号判断→促成→处理异议→促成				
	心动时机判断				
	恰当促成				
	总计＝亲和力40％＋知人力30％＋表述力20％＋促成力10％				
总评参考标准:沟通不合程式为**不及格**;沟通合程式但有很多差错、不流畅、不热情自信为**及格**;沟通合程式、表现较好(部分差错、少量不畅)为**良**;沟通合程式、表现好(无错、流畅、热情)为**优**。					

2. 学习时用心倾听,认真地、主动地参与实训,认真独立完成作业。

3.课后活学活用,在工作和生活中及时运用所学知识。使用才能检验是否有用,实践才能强化能力。

(二)老师科学地教

1.老师适当地说、学生多说多练。

2.边学边练、边学边测边纠正,摄录学生实训情景并播放、点评与再实践。

3.多个实践案例分析,多个录像片段的欣赏与评点。

4.提出个性化建议。

(三)科学考评

1.平时50%:出勤与守纪10%+学习态度5%+笔记5%+实训10%+作业与实训报告20%,旷课达1/3以上者取消其考试资格。

(1)出勤与守纪:总分10分,包括出勤与纪律,按负分扣,扣完为止。

具体为:旷课2分/次、迟到0.5/次、早退0.5/次、打扰他人(上课时聊天、手机响、做小动作、玩手机等)1分/次。

(2)学习态度:听课的认真度、反馈的积极度(回答问题的积极度与准确度、眼神交流与回应等),0~5分。

(3)记录:做笔记的量,0~3分;做笔记的质,即笔记的清晰度与准确度,0~2分。

(4)实训:参与实训的积极度与认真度,0~5分;完成的准确度,0~5分。其中日常实训表现由小组、老师共同考评,综合得出。

(5)作业与实训报告:是否完全完成,0~5分;是否独立完成,0~5分;准确度,0~5分;创造性,0~5分。

2.期末考试50%:应知考试(书面考试)25%+应会测试(技能实践考核)25%。其中应会测试包括平时实训与期末应会测试,按照客户沟通力标准考核表(表0-2)考核。

3.总评成绩调整:±10分。包括沟通素养变化值,±5分;活学活用表现,±5分,根据客户沟通力标准考核表测定。

科学考评归结为课程成绩结构图,见图0-1。

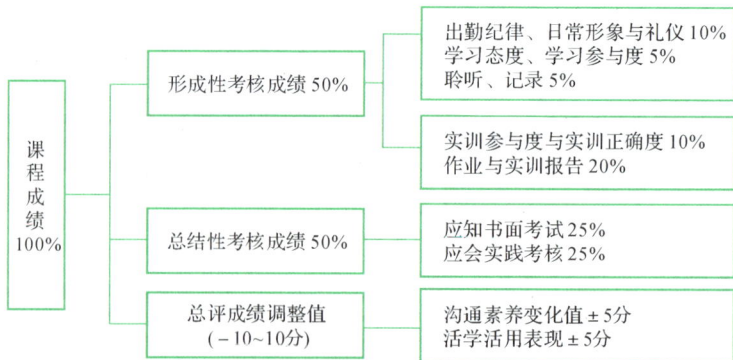

图 0-1　课程成绩结构图

教学目标:每位同学有效掌握学习目标(应知与应会);学生有所学,老师有所长。

能力训练

实训 1:自我介绍

实训目标:初步认识沟通的内涵、意义、方法与要求。

实训内容:起立,介绍自己。内容包括姓名与姓名文字解释、籍贯、爱好、最有感触的一句话;听众对他的自我介绍进行点评(好的地方、不足之处、启发)。

实训步骤:学生主动起立→介绍自己→坐下→听众点评→撰写实训报告。

实训 2:快速找人

实训目标:考查观察力、沟通力、事务策划力与反应能力,增进同学间的相互了解。

实训内容:每位同学找到与下面特质信息表(表 0-3)中描述相匹配的一位同学,请他签名。每位同学只在表格中签名一次,按要求完成全部签字,然后上交给老师。最先完成全部签字、审核为准确者优胜;优胜者上台介绍思路。

实训步骤:听老师介绍注意事项→领一张特质信息表→找人签字→完成后交给老师→正确性审核→上台介绍思路→点评→撰写实训报告。

表 0-3 特质信息表   姓名_____   学号_____

内　　　　容	签　　名	内　　　　容	签　　名
与你籍贯相同(注明籍贯)		与你兴趣相同(注明具体兴趣)	
与你同年出生(注明年份)		与你同月出生(注明月份)	
喜欢打球		喜欢网游者	
会游泳		喜欢唱歌	
去过北京天安门		欣赏过西子湖	
会演奏乐器		喜欢大海	
与你血型相同者 (注明血型:A、O、B、AB)		与你体型相似者 (注明体型:胖、中等、瘦、苗条等)	
与你语速相似者 (注明:快、慢、中)		与你气质相似者(注明气质: 胆汁质、多血质、黏液质、抑郁质)	
活泼好动者		安静思考者	
热情主动带头型		配合做事型	

实训 3:构建和谐高效团队

实训目标:考核与训练团队协作能力、人际沟通能力、销售力。

实训内容:发回每人的特质信息表,按特质信息表所揭示的信息,根据和谐互补原则(注:男女组合、说话快慢组合、指挥型与配合型互补、寝室不同、籍贯不同等)构建团队,给小组取名,填写小组成员信息表,推举一名小组长;完成后,把个人特质信息表与小组信息表统一交给老师;团队成员上台亮相,介绍团队。

实训步骤:听老师介绍要求→根据和谐互补原则寻找成员→根据特质信息表中的信息核对和谐互补性→符合要求→成功组队→每队领一张小组信息表(表 0-4)→给团队取名,填写团队成员信息表,推举一名队长→交给老师→上台,介绍团队→点评→撰写实训报告。

表 0-4　小组信息表

团队名称:　　　　　　　　　　　　　　　　　　　　　　　　　　小组长:

口号:

姓名	学号	寝室	血型	气质	语速快或慢	指挥或配合型	性　格

模块一 沟通认知

活动与案例

情景活动 1.1 　　　　　　　　**沟通水平测试**

按照你的实际情况,在五个等级中选择相应的分值:"总是"5分,"经常"4分,"不确定"3分,"偶尔"2分,"从不"1分,填入括号内。

(1)能自如地用语言表达情感。 □

(2)能自如地用非语言表达情感。 □

(3)在表达情感时,能选择准确而恰当的词汇。 □

(4)他人能准确地理解自己使用语言和非语言所要表达的意思。 □

(5)能很好地了解他人的情感。 □

(6)能在一位较为内向的朋友面前轻松自如地谈论自己的情况。 □

(7)对他人寄予深厚的情感。 □

(8)不会盲目地暴露自己的秘密。 □

(9)能与自己观念相同的人沟通情感。 □

(10)能与自己观念不同的人沟通情感。 □

(11)持有不同观念的人愿意与自己沟通情感。 □

(12)他人乐于对自己诉说不幸。 □

(13)喜欢评价他人。 □

(14)明白自己在沟通中的不良习惯。 □

(15)与人讨论,善于倾听他人的意见,且不强加于人。 □

(16)与人争执,但能克制自己。 □

(17)能通过工作来排遣自己的烦乱情绪。 □

(18)面对他人请教,能告诉他该做什么。 □

(19)对某事持异议,能说出这件事会引起怎样的后果。 □

(20)乐于公开自己的新观念、新技术。 □

您的得分是_____。如果总得分在75分以上,说明沟通力水平良好。得分越低,说明沟通力越弱;得分越高,说明沟通力越强。

【即问即答】

(1)你在沟通中的优势在哪里？不足在哪里？

(2)如何提高自己的沟通水平？

"现在≠未来"。从现在开始吧！

案例导引 1.1　　　　　　　　　印度洋海啸的启示

在2004年的印度洋海啸中,印度人死伤得太冤。据《印度快报》报道,印度空军12月26日早晨接到警报:印度设在孟加拉湾卡尔尼科巴岛的一个空军基地被海啸摧毁。当时,海啸距印度本土还有数百公里。由于地震震中在海底,波动传递到海岸一般需要20分钟到2个小时,"如果当地居民组织得力,这段时间足够多数人逃生了",印度空军司令克里希纳斯瓦说。当天上午8时15分,他让一名助手向国防部发出警报。然而,政府方面没有与军方进行过沟通。

印度气象局于26日上午8时45分发出了一份警报传真,这份传真却发给了前人力资源开发、科技兼海洋发展部长穆利·马诺哈尔·乔希,而不是现任部长。后来,印度气象局又在当天上午9时45分给内政部发去一份警告传真。10时30分,内政部将此事汇报给内阁秘书处。而当时印度东南部沿海地区已经被巨浪所侵袭。直到当天下午1时,印度政府的主要应急机构才举行会议商讨这一问题。

美国地质调查局在检测到大地震之后本来试图通知印度洋沿岸各国准备防御海啸,可是竟然无法找到与这些国家沟通的途径。"我一直在和我们搞海啸研究和预警的人说,但是他们竟然与这些国家在海啸预警方面没有任何联系!"帕森说,"我们没人在那边,我们只能通过媒体知道到底发生了什么。"

【即问即答】

(1)从沟通角度来分析,问题出在哪里?说明理由。

(2)从该案例来看,沟通有什么作用?

(3)对该案例而言,正确的沟通方法应该是怎样的?

学习目标

【知识目标】

1.理解沟通的内涵、要素、种类、模式。

2.了解沟通力结构、有效沟通的技巧要求。

3.了解酒店事务沟通。

【能力目标】

1.会辨别沟通种类、成效,领悟沟通的意义。

2.会分析沟通中成败的原因。

3.会初步开展有效沟通,领悟"无"的理念。

项目一　沟通与人际沟通

沟通在人类的生活中不可或缺,它有广泛的内涵,包括概念、要素、种类、过程与模式等方面。培养沟通力,首先要了解其内涵,并能辨别其种类与成效。

理论知识

一、沟　通

(一)什么是沟通

1.沟通的理解

沟通是一项活动,其最初的意思是开沟使得两水相通,后指两方能够通连,在信息社会中,它泛指信息沟通。

沟通源于英语 Communication,又可译为传达、通信、交流、交通、交际等,国内一般有三种译法,即交流、沟通、传播。

2.沟通的概念

学界中,有关沟通的定义很多,可以概括为以下四种类型:

◆共享说:强调传者与受者对信息的分享,以美国传播学家施拉姆为代表的学者持这种观点。

◆交流说:强调沟通是有来有往的双向活动,如美国学者霍本的观点"沟通即是用言语交流思想"。

◆影响(说服)说:强调传者对受者施加影响的行为,如美国学者露西与彼得森认为"沟通是人影响人的全部过程"。

◆符号(信息)说:强调沟通是符号或信息的流动,如美国学者贝雷尔森认为"沟通是通过传播媒介所做的符号的传送"。

综合以上四种学说,我们可以认为:沟通是信息的传递、被理解、互动反馈,它是发送者通过某种渠道将信息发送给既定对象,并寻求反馈以达到相互理解的过程,其目的是达成一致意见。

(二)沟通的功能

联合国教科文组织国际交流委员会综合了各国学者的意见,指出沟通在任何社会制度中都具备的主要功能包括以下五个方面:

1. 获得信息:收集、储存和整理必要的新闻、数据、图片、事实、意见、评论,以便了解周围环境的情况并作出反应和决定。

2. 社会化:提供信息,使人们能在社会中从事活动,并增强社会联系和社会意识,积极参与公共生活。

3. 激发动力:促进实现当前目标和最终目标,激励人的意愿和理想,鼓励为实现共同商定的目标而进行个别活动和社会活动。

4. 辩论和讨论:为便于达成一致意见或澄清不同观点而提供必要的事实;促进人们关心本国和国际问题并普遍参与。

5. 教育成长:交流知识以便促进智力的发展,培养人的品格,促使人们在各个人生阶段获得各种技能和能力。

【即问即答】

对于即将或已经成为客户服务工作者的你来说,良好的沟通具有怎样的现实意义?

(三)沟通的种类

沟通是一个传递信息的过程,我们可以依据沟通的不同属性标准将其分类,如图1-1所示。

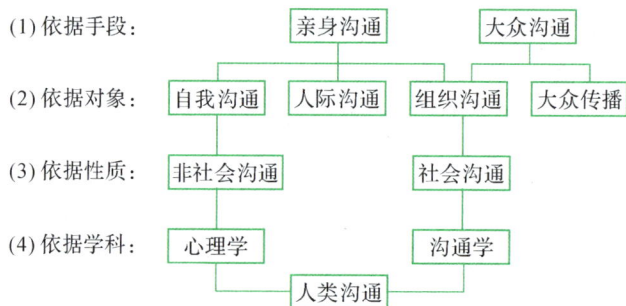

图 1-1　沟通的种类

备注:

亲身沟通:以人体自身为媒介、语言为手段、表情与动作为辅助手段的沟通方式。

大众传播:以机械化、电子化的大众媒介,即报刊、广播电视为主要手段的沟通方式。

自我沟通:I 和 me 的对话。

人际沟通:人与人之间运用语言或非语言符号进行信息传递的过程,根据沟通者的不同可分为客户沟通、管理沟通等。

组织沟通:人们在正式组织与非正式组织中传递信息的过程。

非社会沟通:指不具有社会性的沟通,即沟通人员少于2人的信息传递的过程。

社会沟通:指传者与受者多于2人的信息传递的过程。

人类沟通:指人类进行信息传递的过程。

(四)沟通的模式与过程

1.沟通模式

在传播学中,沟通的基本模式有多种,但没有一个是被普遍认同的。以下是常见的几种模式。

(1)施拉姆的环形沟通模式

施拉姆的环形沟通模式(见图1-2)认为,发送者和接收者在编码、阐释、解码、传递、接收时,形成一种环形的相互影响、不断反馈的过程。施拉姆提出了编码、解码和反馈的概念,他认为参加交流的人既是发送者又是接收者,对信息的编码与解码构成了人们的交流。该模式注重的是交流的过程,而不是交流的效果。这一沟通模式对人际沟通的情境的分析具有概括性,适宜用来分析人际沟通。

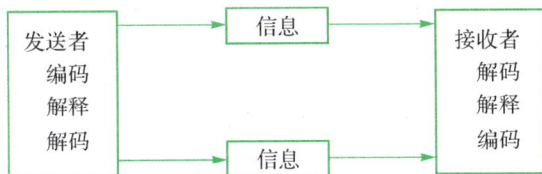

图 1-2　施拉姆的环形沟通模式

(2)拉斯韦尔的5W模式

美国政治学家拉斯韦尔提出的5W模式(见图1-3)描述沟通行为的方法是回答下列五个问题:谁、说了什么、通过什么渠道、对谁、取得了什么效果。

图 1-3　拉斯韦尔的5W沟通模式

该模式注重沟通效果,尽管简单,但它至今仍是指导人们沟通过程的较为方便的综合性方法,它也是一种线性沟通模式。

(3)申农沟通模式(通信系统模型)

申农沟通模式:数学家申农及其助手韦弗1949年提出了此模式,如图1-4所示。

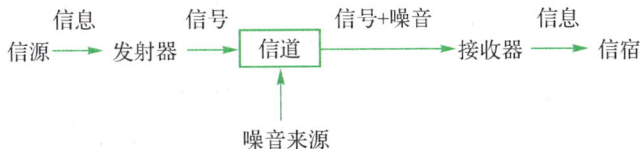

图 1-4　申农沟通模式(通信系统模型)

2.沟通的过程

整合上述沟通模式与沟通实践行为,一般沟通过程可总结如图 1-5 所示。

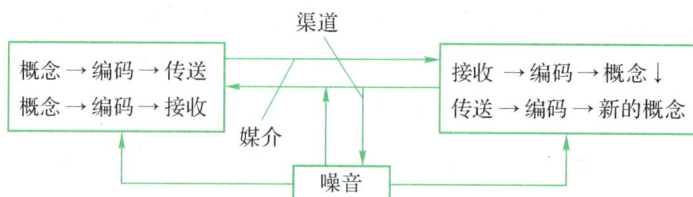

图 1-5　沟通过程

把思想、概念用符号进行编码,形成一种可识别的信息,通过某种渠道传递给接收者;接收者接收到用符号编成的信息后,再用符号进行编译,形成自己能够看得懂的概念信息,对信息进行感知并产生新的思想、概念,编码后反馈给对方,如此周而复始。当然,在沟通过程中还会存在一些干扰因素。

案例导引 1.2　　　　　　　　**规范的销售沟通程序**

小张是南京某饭店宴会预订部的秘书,她第一次接到一个大型宴会预订电话时,在记录了宴会日期、时间、主办单位、联系人情况、参加人数、宴会的类别和价格、宴会厅布置要求、菜单要求、酒水要求等基本情况后,就急忙带上预订单与合同书到客户单位去确认。同屋的老王叫住她说:"你最好请对方发一个预订要求的传真过来,然后根据要求把宴会预订单、宴会厅的平面图和有关的详细情况反馈给对方,并要求对方第二次传真预订。有必要时,还要请客户亲自来饭店看一下场地和布局情况,然后填写宴会预订表格、签合同再安排宴会计划。"

小张按照老王所说的程序把信息反馈回去,几天后,她接到了客户的传真。果然,这一次对方对宴会厅的布置、参加人数等要求均比电话中详细了很多。双方在价格上又进行了一番商谈。为了发展客户,争取客源,饭店最终同意给客户让利。客户交纳了订金并在规定期限的合同上签字后,这个预订终于成功了。通过这次预订,小张熟悉了大型宴会预订的程序与方法。

(五)沟通的要素

在图 1-5 所示的沟通过程中,呈现出了下列沟通要素:

1.信息:信息能够传递并能被接收者的感觉器官所接收。它有两种基本存在形式:内储形式与外化形式。内储信息是暂时或长久地储存在大脑里的信息;外化信息是用书籍、文献、磁盘、光盘等符号形式记录下来的信息。信息可以是观念、思想和情感。信息是沟通活动能得以进行的最基本的因素:没有信息的材料不需要渠道去传递,也不需要接收者去解码。因此,信息是沟通的灵魂。

2.发送者:指发送信息的主体,它可以是个人、群体、组织、国家。

3.编码:指将所要交流的信息,依照一定的编码规则编制为信号。在编码过程中要选择恰当的代码或语言,要适应接收者的理解能力和语言能力,还要有适当的沟通渠道和使用的媒介。不恰当的编码,比如不合时宜地使用专业术语或在非正式的社交场合使用过于正规的语言等,会让接收者不知所云。

4.渠道:渠道是信息得以传递的物理手段和媒介,是联结发送者和接收者的桥梁。说话的渠道就是空气,空气的振动,把说话者(发送者)的声音传给听话者(接收者)。信件、电话、电传、通信员、信鸽等是常见的个人沟通媒介,报刊、书籍、广播、电视、电影等是常见的大众沟通媒介。

5.接收者:指收到信息的主体,可以是个人、群体、组织、国家。

6.解码:指将所接收的信号依照一定的编码规则解释、还原为信息。解码可能是将信息由一种语言翻译为另一种语言,也可能是理解他人点点头或眨眨眼的意思。在这一过程中,传导的信息被转化、精简、阐述、储存、发现和使用。

7.接收者的反应:指接收者有意或无意地对信息采取的行动。在成功的沟通中,接收者的反应与发送者的意愿正好相同。

8.反馈:指接收者把自己的信息加以编码,通过各种渠道回传给信息发送者。

9.噪音:以各种形式对沟通产生干扰的事物或行为。电话杂音及"蜂音"、失真的收音机声音等,都是噪音。

目前,噪音的外延有所扩大,任何被接收而又并非信源所欲传送的信号、信息,或者是任何使所欲传输的信息不易精确编码、解码的东西都可以被视为噪音,比如口头交流中的错误、停顿,书面交流中的错字、不适当的标点,都可以成为"噪音"。从接收者角度讲,固有的成见、身体的某种不适、对传送者的反感,也都可以成为沟通过程中的噪音。噪音往往会增加信息编码、解码中的不确定性,导致信号在传送和接收时的失真,从而干扰信息发送者的意图的实现。

【即问即答】

再一次分析案例导引 1.1,其中哪些沟通要素出现了问题?

案例导引 1.3　　　　　　　　　　**地下谍报**

"长江、长江,我是黄河,我是黄河。鸟已飞,鸟已飞。"

【即问即答】

分析案例导引 1.1、1.3,指出沟通要素中最基本的要素是什么?

案例导引 1.4　　　　　　　　　　**传达命令**

传令员对连长传令:"司令官命令'在明天午后 1 时,全连官兵务必准时在大操场集合,要求大家穿好军装,带好观察工具,观看哈雷彗星从东向西飞过。'"

接着,连长对排长传令:"司令官命令'全体官兵明天午后 1 时到大操场集合,要求大家穿好军装,带好武器,准时接受检阅,还有星级上将从天上飞过。'"

然后,排长对班长传令:"司令官命令'全体官兵明天午后 7 时到大操场集合接受检阅,务必穿好军装,带好武器,还有三星上将乘飞机从天上飞过。'"

最后,班长对全班传令:"司令官命令'全体官兵明晚 7 时到大操场集合接受检阅,务必带好武器整装待发,否则,三颗子弹将从你头上穿过。'"

【即问即答】

(1)为什么会出现本案例中的误传现象?

(2)你认为采取什么方法可以避免本案例中的沟通错误(或者达成正确传令)?

二、人际沟通

人与人之间的信息传递过程就是人际沟通,人际沟通是人际交往的起点。人际沟通内涵包括概念、类型、特征、信息内容、影响因素、原则等。

(一)概念

人际沟通就是人们运用语言符号或非语言符号来传递信息的过程。把人的观念、思想、感情等看作信息,人际沟通就是人与人之间传递信息的过程。

(二)类型

按照不同的分类标准,人际沟通可分为以下五种类型。

1. 按照沟通渠道的不同,分为直接沟通和间接沟通

(1)直接沟通:运用人类自身固有的手段而无需沟通媒介的人际沟通,如谈话、演讲、上课等,它是人际沟通的主要方式。

(2)间接沟通:除了依靠传统的语言、文字外,还需信件、电话、传真、E-mail 等媒介作中介的沟通。它大大拓宽了人际沟通的范围,远隔千里的两个人之间,可以顺畅地交流信息。

2. 按照语言符号形式的不同,分为语言沟通和非语言沟通

(1)语言沟通:指沟通者以语言符号的形式将信息发送给接收者的沟通行为。语言沟通分为有声的语言沟通和无声的语言沟通。有声的语言沟通是用口头语,即以讲话的方式进行沟通,如谈话、讲课、演讲、打电话等;无声的语言沟通,是用文字即书面语言来传播,如写信、贴布告、发通知、写字条、板书等。

(2)非语言沟通:指沟通者以非语言符号的形式将信息传递给接收者的沟通行为,它是以表情、动作等为沟通手段的信息交流。面部表情及眼神、身体动作及姿势、沟通者之间的距离、气质、外形、衣着与随身用品、触摸行为等都是非语言符号,它们都可以作为沟通工具来进行非语言沟通。

语言沟通与非语言沟通的分类如图 1-6 所示:

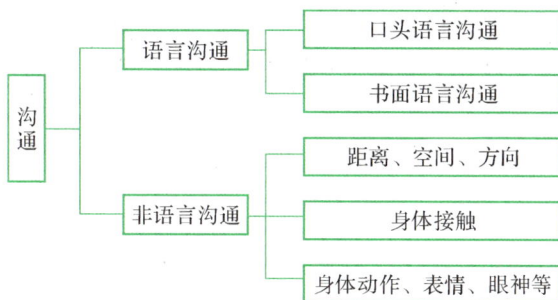

图 1-6 语言沟通的分类

【即问即答】

(1)上课时,学生与老师眼神交流、微笑点头、做笔记,传递了什么信息?

(2)上课时,学生做小动作、聊天、打手机,传递了什么信息?

3. 按照沟通的组织程度,分为正式沟通与非正式沟通

(1)正式沟通:在一定的组织机构中,通过明文规定的渠道进行信息的传递。例如,上级向下级下达指示、发送通知,下级向上级呈送材料、汇报工作,定期与不定期的会议等。

(2)非正式沟通:在正式沟通渠道外进行的信息交流,是人们以个人身份进行的人际沟通活动。诸如人们私下交换意见、议论某人某事、传播小道消息等。

4. 按照有无反馈,分为单向沟通和双向沟通

(1)单向沟通:单向信息流动的人际沟通。在沟通时,沟通双方的地位不变,一方只发送信息,另一方只接收信息而不向对方反馈信息,如做报告、演讲等。实际上,严格意义上的单向沟通是罕见的,接收者会以各种方式(如打电话表扬或投诉、鼓掌、打呵欠、说话、坐立不安等)或多或少地反馈信息。

(2)双向沟通:双向信息流动的人际沟通。在沟通时,发送信息者与接收信息者之间的地位不断变换,信息沟通与信息反馈多次往复,如交谈或开会中的提问、鼓掌等。人际沟通绝大多数为双向沟通。

【即问即答】

(1)上课时,学生与老师之间是单向沟通还是双向沟通?

(2)上课时,做小动作、聊天、打手机,是不是一种反馈?反馈了什么信息?

5. 按照接收者的不同,分为内部沟通、外部沟通、自我沟通

(1)内部沟通:即与同组织内的同事、领导、下属之间的沟通。内部沟通是同一个组织内部成员之间的沟通,因为相互熟悉以及公务交往的刚性,同一组织内的人们对情感关系与亲和力没有很高的要求,这是与外部沟通尤其是客户沟通有重大区

别的地方;但组织内部往往存在复杂的人际关系与部分人的个性化行为习惯,内部沟通往往更加复杂而不易把握。

（2）外部沟通:指与组织外的客户、媒体、政府部门等开展的沟通。由于相互不熟悉、事务交往的可选择性与利害关系,外部沟通对信任与交往愉悦有较高要求。尤其是出外办事面对陌生客户,将面临无助、恐惧和压力,这种恐惧与压力将可能对沟通效果带来较大的负面影响,尤其是刚入行的"菜鸟",一定要事先进行有效的沟通训练。外部客户可能会对陌生拜访者表现出合乎礼仪的客气与热情,只要你对他表现出足够的尊敬、礼貌、赞赏并为他着想,就会与客户建立良好的亲和关系,沟通也就变得比较简单了。

（3）自我沟通:与自己的心灵进行沟通。自我沟通决定人的心境,心境决定着肢体语言信息、声音语言信息的表现和语言文字的运用。因此,自我沟通是沟通的核心。

（三）特征

1. 双向性

沟通双方相互依赖。如演讲者离不开听众,听众也离不开演讲者。在一个完整的沟通过程中,沟通参与者几乎同时扮演着信息发送者和接收者。

2. 双重性

沟通不仅传递观念和思想,还传递情感。在服务客户或销售产品时,向客户发送的不仅是有关产品功能的信息,语音语调、手势、与客户的距离、姿势和表情等也是传递信息的一部分。人们可以通过传递内容与传递情感双重手段达成有效沟通。

3. 互动性

互动是人们在沟通中产生反应,通过语言回答、眼光交流、接近接触、手势动作等方式反馈信息。如果沟通中没有反馈,说明没有心理感应,说明沟通没有效果,这是非常令人遗憾的。

4. 情境性

通常情况下,人们总是根据时间、空间、双方关系等不同的情形来选择不同的话题进行适当的沟通。例如,当司马懿的大军逼近空城之时,诸葛亮表现得泰然自若,坐在城楼上饮酒抚琴。司马懿看此情形,怕中埋伏便引兵自退。"空城计"只对司马懿有效,若换了许褚,诸葛亮就只有束手就擒了。"空城计"的成功,充分说明了沟通的情境性。

5. 接近性

沟通者在交往活动中是平等参与并相互影响的,沟通者在空间上接近会产生情感,这就是"见面三分情"。反之,如果沟通者在空间上不接近,而仅采用打电话、收看电视和收听广播等形式,亲切感就不容易产生。所以,应尽可能创造条件进行面对面交谈。

(四)信息内容

人际沟通中不但传递内容信息(观点、观念和思想),还传递情绪信息。前者主要通过文字语言表达,后者主要通过声音语言与肢体语言传递。

(五)影响人际沟通的因素

沟通者的生理和心理状态在沟通时会发生变化,这些变化将引起沟通者之间互动的进一步变化。影响人际沟通的变量包括神入(移情)、自我暴露、信任程度、个人因素、环境因素等。

1. 神入(移情)

当朋友的奶奶故去了,朋友哭肿了眼睛,此时你将如何劝慰? 是笑着说:"不要伤心了。你为什么不能从积极的角度去看呢? 为什么不想想,她现在在天堂里过得十分快乐啊";还是悲悯地陪坐着说:"很想奶奶吧? 也真是让人难过啊。想当初我奶奶故去的时候,我也难过得不行,一个月都缓不过来。"这两种劝慰会有什么不同效果?

神入就是进入别人的内心世界,用他的情绪情感、思想来体察外界,以体验他的情感并在肢体动作与声音语言上自然表露出来,于是他也就感受到这种被理解的心境。神入又称"移情"、"感同身受"、"换位思考"、"同理心"。

语言信息与非语言信息都能表达神入。语言信息如宽慰人的话语,非语言信息如关注与同情的眼神及表情、陪坐、拍拍人的手臂、拥抱、握手等。

2. 自我暴露

当你把 A 君当作朋友看待,向他讲述自己的秘密,可他对他自己的情况却只字不提或是吞吞吐吐、含含糊糊;B 君在陌生人面前大谈自己的历史,毫无顾忌地吐露自己的内心秘密。你对 A 君、B 君各是什么看法?

自我暴露是一种人们自愿把自己的真实情况告诉他人的行为,将自己的内心感受和信息与他人分享。分享秘密的程度取决于双方关系亲密度,适当的自我暴露可以促进人际关系的发展。

3. 信任程度

信任是沟通的基础,如果缺乏信任,就缺少了进一步良性互动的根基,沟通效果就不好。端正的态度、恰当的身体语言、信誉度、才干、双方在价值观与目的方面的一致性等因素决定了信任度,从而决定着沟通效果。

4.个人因素

沟通者的生理状态、情绪状态、智力的差距、文化、语义理解能力等,都会影响人际沟通效果。

5.环境因素

影响沟通的环境要素包括物理因素、社会因素、渠道因素。物理因素如声音、光线、环境等;社会因素如私密性(有其他人在场)、沟通的氛围;渠道因素如环节设置等,都会影响沟通效果。

【即问即答】

(1)非语言信息与人际关系是什么关系?

(2)如何理解"神入"? 尝试扮演一下。

(3)举例谈谈影响沟通的个人因素。

(六)人际沟通要求

在沟通中,信息内容、情感关系、表达方式三者相互关联,关系密切。同样内容的一句话,人际关系不同,效果不一样;同样内容的一句话,不同的表达方式,会产生不同的沟通效果和情感关系。具体表现为:

1.人际关系好,沟通效果就好。例如,一位平时一贯诚恳、认真服务的业务员或服务员,一旦发生了某些疏忽,客户大多谅解,会认为"可能他是实在有困难吧"。

2.不同的沟通方式产生不同的情感关系效果。以"神入"、倾听、热情的态度进行沟通,则对方一般会报以放松的、接纳与信任的态度,形成友善、和谐、具有亲和力的氛围。

通常,人们总认为滔滔不绝的言谈就是沟通,许多人自以为能够凭"巧舌"说服麻雀从树上下来,这实在可笑。他们以为沟通就是说话,而忘了沟通的真意是彼此的关系。当彼此融洽时,不说话也能心意相通。一个手势、一个眼神就能传达完整的意思。相反,当彼此关系恶劣时,千言万语也等于一句话没说,障碍依旧是障碍。所以,情感关系的融洽对沟通效果具有决定意义。

除了情感关系融洽外,内容信息的清晰准确度、内容表述的有效度、异议化解力、促成力等,都决定着沟通效果。

人际沟通的要求可总结为以下两点:

第一,沟通应以情感关系为重,先通情、再论理。这就要求在沟通中注意沟通方式,注意词语、语音语调与肢体语言的运用,避免让人难堪和产生误解。沟通中不能逆着对方感情说话,而应设身处地、顺着对方情感说。在劝说时,听者对劝说人如有厌恶感,就会拒绝他的劝说;反之则善意接受。因为人类具有这样的特质:对于友好的人的话洗耳恭听;对于讨厌的人的话,即使在理性上接受,在感情上也排斥。因此,如果想要对方听你的话并按照你所想的那样行动,必须首先获得对方的好感,建立亲和关系。

第二,内容表达须准确到位、条理清晰,恰当促成合作并有效化解异议。这就要求在沟通中有效运用客户沟通技巧,积极促进沟通。

能力训练

实训 1:"记者采访"与介绍同学

实训目标:训练亲和力、观察力、询问能力、文字整理能力,以及销售推广能力。

实训内容:全班同学 2 人一组,你扮演"记者"角色,找 1 位不太熟悉的同学,用 3 分钟时间采访他、进行简单的文字整理,然后角色互换;回座,上台介绍该同学 1 分钟,在不介绍姓名的情况下,让同学们明白他是谁,并欣赏他、觉得他非常优秀;其他同学进行点评(评价要点:声音洪亮而有热情,语言流畅,突出优点和特点,陈述有逻辑性、有针对性等);请被介绍者对"记者"的采访与介绍作评价,并提出建议。

实训步骤:离开座位,找到不坐在一起的不太熟悉的同学→3 分钟内完成对他的采访→互换角色采访→回座→简单地整理文字,列出发言提纲→1 分钟上台介绍(不交代姓名的介绍)→其他同学点评→被介绍者评价与建议→撰写实训报告(内容包含:过程、内容、对推广介绍的点评、感悟)。

实训 2:传口令

实训目标:训练表述力、聆听力、记忆力。

实训内容:班长对副班长传话"班主任说'明天晚上 7:15 分,全班同学务必准时到行政楼 3 楼大会议室集合,要求大家穿好校服、佩戴校徽,带好笔记本与笔,听教育部的范处长给大家作关于大学生如何学习看家本领的报告。'"副班长对班委传话;班委对组长传话;组长对副组长传话;副组长对小组成员传话。小组成员把听到的传话写在黑板上。注意:在整个过程中,除了直接传话者与被传话者之外,其他人不得有任何沟通,违规者扣分。

实训步骤:全班同学 6 人一组,定出 6 人姓名与角色,1 号、2 号、3 号、4 号、5 号、6 号分别为班长、副班长、班委、组长、副组长、组员角色,各组 1 号留在教室前排,其余都到室外,关门。老师对各组 1 号传话,完后放 2 号进来、1 号传话给 2 号,1 号坐到后排;放 3 号进来,2 号传话给 3 号,2 号坐到后排;→……→6 号进来,5 号传话给 6 号,5 号坐到后排;各组的 6 号在黑板上写出听到的传话信息→评优→点评→撰写实训报告。

实训 3：填写表格 1-1——三类沟通特点的比较

表 1-1　三类沟通特点的比较

项　目	人际沟通	组织传播	大众传播
手　段			
规　模			
空　间			
周　期			
角　色			
反　馈			
信　息			

实训 4：台上演讲与台下喧哗

实训内容：由一人扮演班长上台宣布一项事情，其余同学在下面喧哗、前后走动叫喊。

实训目标：体会班长的心理感受。

实训步骤：台上讲话与台下喧哗→体会班长的心理感受→表述心情与感悟→撰写实训报告。

实训实训 5：劝慰朋友

实训目标：感受他人心情，考核"神入"技巧的掌握水平。

实训内容：2 人为一组，一人扮演眼睛哭肿、神情忧郁的考试失利的朋友，另一人劝慰他；互换角色。

实训步骤："心情不好的朋友"低头坐着，你走向他→劝慰→同学们点评→撰写实训报告。

项目二　酒店客户沟通

理论知识

一、客户沟通

在人际沟通中，以商业客户为特定沟通对象的信息传递过程，即为客户沟通。

（一）种类

根据不同的客户类型，客户沟通可以分为：销售员（包括营业员）对客户开展洽谈业务的销售沟通,服务员向客户提供食宿、休闲、售后服务的服务沟通,多人对多人的谈判沟通等。它们各有特点,本书主要讲解服务客户的客户沟通。

(二)方式

在客户沟通实践中,销售员或服务员可以采用多种方式与客户进行沟通,一般包括:口头沟通、书面沟通、电话沟通、网络沟通、会议沟通、演讲、辩论、谈判等。

特点:

1.口头沟通:直接,可立即反馈,快速方便;信息全面,既有口头语言也有身体语言;沟通中容易出现情绪化反应或表达不当;表达比较随意,不够正式;易失真,不易保存。

2.书面沟通:有记录、可保存,表达相对严密和准确,是最正式的沟通方式;但费时、反馈慢,只有单一的文字信息沟通。

3.电话沟通:相比口头沟通只有语言文字信息、语音语调信息,信息不全面,但能够即时反馈。

4.网络沟通:双向沟通,反馈快,一般只是语言文字的沟通,沟通者有时不知对方的真实身份。

5.会议沟通:参与沟通的人数多,一般情况下互动性较弱。

6.演讲:一人与群体的沟通,多为单向沟通,须充分运用语言与非语言手段。

7.辩论:人与人之间的即时反馈性沟通,多为证明自己观点正确并反驳对方观点,基本上是一种零和游戏,其缺点是难以达成共识、难以形成融洽的情感关系。

8.谈判:这是群体与群体之间达成合作目标的有效手段,可以综合运用口头沟通、书面沟通、电话传真等沟通方式,是人与人之间语言沟通与非语言沟通的结合,互动性强,有利于达成双赢。

(三)语言信息种类

作为人际沟通的重要组成部分,客户沟通需运用语言符号与非语言符号。其中语言符号有文字语言,以口语与书面文字方式表达;非语言符号包括声音语言、身体语言以及空间语言。

1.文字语言:用来编译信息内容的符号代码,一般以口语与书面文字方式表达。比如表达爱意,用"我爱你"或者"I love you"。

2.声音语言:在口语表达时,声音的轻重、快慢、停顿、清晰度等,可以表达出多种含义。语音、语调的变化,可以使得字面相同的一句话具有完全不同的含义。

比如:一个"不"字,可以表达完全不同的意思与态度。

谦虚地否定:"不,这是我应该做的。"

一般地否定:"不,还是让我回去吧!"

坚决地否定:"不! 我一定要回去!"

愤怒地否定:"不!! 我一定要揭发他!"

要赖地否定:"不嘛,这盘不算,再来一盘!"

【课堂实训】

按上述方式训练"不",注意语气、语调。

3.身体语言:动态无声的面部表情、眼神、身体动作、姿势、气质、外形、衣着、随身用品、触摸行为等非语言符号。

4.空间语言:沟通者之间的距离与领域,即空间距离范围也是表达信息的方式,沟通双方所处位置的远近表达了某种信息。常见的有:亲密区(0~0.5米)、私人区(0.5~1.25米)、社交区(1.25~3.5米)、公共区(3.5~7.5米),不同的人际关系运用不同的空间距离,也就是说,不同的空间距离表达了不同的人际关系。

(四)语言信息在沟通中的权重

在人际沟通中,尤其在面对面的口头沟通中,不同语言信息在沟通效果中的权重不同。据心理学家研究统计,三者权重分别是文字语言信息占7%、声音语言信息占38%、身体语言信息占55%,见图1-7。

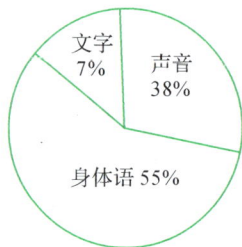

图 1-7　语言信息结构图

【即问即答】

(1)电话沟通中有几种语言信息?各自重要性如何?

(2)中国人与西方人的语言沟通方式有什么区别?

二、酒店工作与沟通

(一)酒店工作

酒店是对住店客户提供住宿、餐饮、休闲、购物、会议等服务的企业组织,工作事务繁杂,主要包括:前厅接待、客房服务、餐厅服务以及康乐、酒吧、会务等。这些服务工作涉及前台服务员与大堂经理的前台接待工作、客房服务员的客房服务工作、餐饮服务员与酒吧服务员的饮食服务工作、康乐服务员的康乐服务工作、礼品销售员的营业销售工作、会务与商务中心服务人员的商务服务工作以及营销与公关部门人员的对外联系与营销工作。

(二)酒店沟通

开展酒店工作事务需要进行人际沟通,包括服务外部客户的客户沟通、管理者与员工之间开展工作的内部沟通。内部沟通事务包括:汇报请示、申诉、开会、商讨等上行沟通,指示、指挥、安排建议、批评等下行沟通,开会、建议、调节、商议等平行沟通与斜向沟通。酒店客户沟通事务包括迎宾接待,前厅客户接待,餐饮中的引导领位、点菜、结账,客房或康乐服务中的沟通,投诉处理等。

酒店是高度市场化的服务性企业,服务员的沟通质量决定了酒店服务的质量,从而决定了客户满意度,关系着酒店的生存与发展。

案例导引 1.5　　　　　**吃一碗面的客人要订 18 桌婚宴**

一天中午,餐厅里来了一位老先生,这位老先生找了一个不显眼的角落坐下,对微笑着前来上茶的服务员小秦说:"不用点菜了,给我一份面条就可以,就三鲜面吧。"服务员微笑着对老先生说:"我们饭店的面条口味不错,请您稍等,喝点茶,面条很快就会烧好的。"说完,她又为客人添了一次茶水。

10 分钟后,热气腾腾的面条端上餐桌,老先生吃完后,付了款,就离开了餐厅。

晚上 6 点多,餐厅里已经很热闹了,小秦发现中午的那位老先生又来了,还是走到老地方坐下,小秦连忙走上前,笑语盈盈地向老先生打招呼:"先生,您来了,我中午没来得及向您征询意见呢,面条合您的口味吗?"老先生看着面带甜美笑容的小秦说:"挺好的,晚上我再换个口味,吃炒面,就肉丝炒面吧。"小秦给老先生填好单子,顺手拿过茶壶,给老先生添上茶水,说:"请您稍候。"老先生看着微笑离开的小秦,忍不住点了点头。

老先生用餐完毕后,小秦亲切地笑着问他:"先生,炒面合您口味吗?"老先生说:"好好,挺好的。我要给我侄子订 18 桌标准高一些的婚宴,所以到几家餐厅看看。我看你们这儿服务真好,决定就在这儿啦。"小秦一听只吃一碗面的客人要订 18 桌婚宴,愣了一下,马上恢复了笑容,对老先生说:"没问题,我这就领您到宴会预订处去办手续。"

只吃一碗面的客人原来是要为其侄子选择举办婚宴的餐厅,而服务员小秦自始至终微笑地为他提供规范的服务,并没有因为其消费低而冷眼相看,结果客人当场预订了 18 桌消费标准较高的婚宴,可见餐厅服务的好坏直接影响企业的声誉和经济效益。

【即问即答】

(1)服务员小秦怎样与老先生沟通?她传递了什么信息?

(2)这个案例对你有什么启发?

三、酒店客户沟通

酒店工作事务包括与宾客、协作单位、政府部门、媒体与社区等外部人员的沟通,为客户提供服务是酒店的价值链核心。服务客户的每一个环节都包含着酒店工作者与客户的沟通,沟通的质量决定着服务的质量。

(一)酒店客户沟通的种类

按照沟通对象的不同,酒店客户沟通可以分为若干类型:酒店服务员提供前厅接待、食宿服务、休闲服务等服务沟通,酒店营销部与礼品部的销售沟通,与外部单位协调联系的协商沟通。

(二)酒店客户沟通的方式

酒店客户沟通中的服务沟通、销售沟通、协商沟通等不同沟通类型,一般都可以通过多种沟通方式来达成,沟通方式包括口头沟通、电话沟通、书面沟通、网络沟通、会议沟通等。

对于某一沟通事务,可以采用单一沟通方式或若干种沟通方式的组合来有效实现。比如住宿咨询,一般是口头沟通、电话沟通,另外还可以采用网络沟通;客房服务或休闲服务,一般是通过口头沟通、电话沟通来实现;销售沟通,一般是综合运用口头沟通、电话沟通、书面沟通、网络沟通、会议沟通等方式来实现。

(三)酒店客户沟通中的语言信息

在酒店客户沟通中,工作人员通过口头沟通、电话沟通、书面沟通、网络沟通、会议沟通等方式完成服务沟通、销售沟通、协商沟通等不同沟通事务,不同沟通方式包含不同的文字语言信息、声音语言信息、身体语言信息。

1.口头沟通是主体沟通方式,它综合运用文字语言、声音语言、身体语言来传递信息。影响权重依次为身体语言信息、声音语言信息、文字语言信息,所以在口头沟通中要特别注意身体语言、声音语言的运用。

2.电话沟通是现代社会中主要的沟通方式,它运用声音语言、文字语言来传递信息。影响权重依次为声音语言信息、文字语言信息,所以电话沟通中尤其要注意语音语调的热情、清晰。

3.书面沟通是酒店服务工作中的正规沟通方式,它通过单一的文字语言来传递信息,可以保存、方便展示、有法律效果,所以它强调遣词造句。

4.网络沟通方式一般在咨询、预定、公关外联工作中使用,通过文字语言来传递信息,即时性强、辐射面广,所以要求快速、时尚,但不必太正式、太拘泥文法。

5.会议沟通方式一般在商洽重大事务时使用,沟通中综合运用身体语言、声音语言、文字语言进行互动,强调三种信息的组合运用与互动反馈。

能力训练

实训1:说并做

情景:学生甲对学生乙说"你讲得真好",同时——

    眼睛侧视、看上、看下、东张西望;

    或双手抱胸、手插裤袋;

    或用手指指着你;

    或对你冷笑;

    或低音、没有感情,低头不看你;

    或大声地笑着;

    或点头、微笑并注视你。

实训目标:让学生初步体会亲和力、表述力、肢体语言表现以及它们的内涵与意义。

实训内容:实施上述情景,学生甲描述当时的行为心理、学生乙描述当时的感受;其他同学发表感悟。

实训步骤:学生甲对学生乙说"你讲得真好"并做上述肢体动作→学生甲描述当时的行为心理→学生乙描述当时的感受→其他同学描述作为旁观者的心理感受→撰写实训报告。

实训2:应聘模拟

情景:宝利酒店招聘服务员,要求大专以上学历、有相关专业背景、吃苦耐劳、有亲和力。

实训目标:让同学们初步体会亲和力、表述要求,找出自己的差距。

实训内容:模拟应聘,学生A、学生B分别扮演应聘者与招聘经理。

实训步骤:准备→应聘过程模拟→点评→纠正性重做→撰写实训报告。

实训3:前厅接待

情景:有一位中年女士径直走向前台,由服务员接待。附注:她的心理是"想询问一下一位叫'李宏'的男士有没有住在这里,若住在这里,给他一个惊喜"。当然,你不知道她是究竟怎么想的。

实训目标:让学生初步体会服务岗位工作应该具备的亲和力、询问能力、应变能力以及肢体语言、声音语言的意义、要求,了解自己的差距,激发学习的动力。

实训内容:前台接待,点评。

实训步骤:准备→前台接待过程模拟→点评→撰写实训报告。

项目三　有效沟通技巧

　　沟通有其规律与方法,同时也存在很多不易跨越的障碍。本项目介绍沟通障碍、沟通方法、沟通力内涵、优秀沟通者的素质要求并进行相关能力训练。

案例导引 1.6　　　　　　　　　　**服务员的委屈**

　　一个深秋的晚上,三位客人在南方某城市一家饭店的中餐厅用餐。他们已在此坐了两个多小时,仍没有去意。服务员心里很着急,到他们身边站了好几次,想催他们赶快结账,但一直没有说出口。最后,她终于忍不住对客人说:"先生,能不能赶快结账,如想继续聊天请到酒吧或咖啡厅。"

　　"什么?! 你想赶我们走,我们现在还不想结账呢。"一位客人听了她的话非常生气,表示不愿离开。另一位客人看了看表,连忙劝同伴马上结账。那位生气的客人没好气地让服务员把账单拿过来。看过账单,他指出有一道菜没点过,请服务员去更正。这位服务员回答客人,账单肯定没有错,菜已经上过了。几位客人却辩解说,没有要这道菜。服务员又仔细回忆了一下,觉得可能是自己错了,忙到收银台那里去改账。

　　当她把改过的账单交给客人时,客人却说:"餐费我可以付,但你服务的态度让我们不能接受。请你马上把餐厅经理叫过来。"这位服务员听了客人的话感到非常委屈。其实,她在服务过程中并没有什么过错,只是想催客人早一些结账。

　　"先生,我在服务中有什么过错的话,我向你们道歉,还是不要找我们经理了。"服务员恳求道。

　　"不行,我们就是要找你们经理。"客人并不妥协,坚持要求见经理⋯⋯

　　【即问即答】

　　你如何理解本案例中服务员与客人的语言和行为?

理论知识

一、客户沟通障碍

(一)种类

　　在与客户的交往中往往会出现一些障碍,主要包括:

　　1.双方或一方听不懂。

　　2.双方或一方理解错。

　　3.感到不受尊重或被侮辱。

4.相互之间缺乏情感,公事公办。

5.伤及感情(负情感),情绪对立。

6.各持己见,观点对立。

(二)原因分析

形成上述沟通障碍的原因是多方面的,可以从内容信息、心境态度、价值观、沟通技巧等几方面来理解。

1.对内容信息的理解

(1)因语言不通或不能理解而形成的误解。

(2)因理解力差别,价值观与文化背景不同而形成的不同理解。

(3)因信息含糊与混乱,环境干扰、特殊的情景气氛形成的理解偏差。

2.心境态度

(1)消极的心境与态度,不专注,对客户缺乏热情与礼貌。

(2)对客户存有偏见。

(3)与客户沟通时太自我、太直接,太要求结果。

(4)缺乏对他人心理需求的关注,没有同理心,缺乏对客人心境与内心需求的理解。

3.双方价值观

(1)双方价值观存在较大差异。

(2)不能认同对方的价值观。

4.沟通技巧

(1)话题发散而缺乏针对性,表达太术语化。

(2)没有把握恰当时机促成双方意见的统一。

二、有效客户沟通的程式与心法

案例导引 1.7　　　"老奶奶买李子与 3 个小贩"的故事

老奶奶的媳妇正怀孕,她去市场买酸李子给媳妇解馋。老奶奶走到第一个小贩前,小贩 A 主动打招呼:"大娘,要不要李子啊? 我的李子又大又甜。"老奶奶听了,没理他就走开了。

转到小贩 B 的摊位前,问"这李子怎么卖?"B 说:"老奶奶啊,我这儿有两种李子,一种又大又甜,另一种酸酸的。请问您要哪种?"老奶奶说:"那就来一斤酸的吧。"

当她经过小贩 C 跟前的时候,小贩 C 热情地招呼:"老奶奶来买李子呢?"

"嗯，我来买酸李。"

小贩 C："老奶奶啊，别人都挑又大又甜的李子，老奶奶您怎么买又小又酸的李子呢？"

老奶奶说："我儿媳妇怀孕了，特别想吃酸的东西。"

小贩笑着说："真恭喜您啊！您对媳妇真是用心啊，如今像您这样疼晚辈的人已经不多了啊(注：一句赞美暖三冬，此时老奶奶心里那个美啊)。给怀孕的媳妇买水果，确实是要又酸又甜的，同时又要有高营养的。不过论营养啊，李子就比不上猕猴桃啰。猕猴桃号称水果之王，营养最丰富了，味道酸酸的，很适合孕妇吃(注：站在老奶奶立场为她出谋划策)，不如买一斤半斤的回去给媳妇尝尝啊？"(注：不失时机地提议)老奶奶听了很高兴，就买了一斤猕猴桃。

小贩 C 接着说："老奶奶啊，我这儿也有酸李子，还有您喜欢吃的熟苹果、白皮李、脆香瓜，可爽口了，今后您可以长到我这儿来，我给你特别优惠。这给您包好了，老奶奶您好走，下次记得过来啊。"(注：良好的售后服务出真金)老奶奶听了连连点头。小贩 C 搀扶着老奶奶离开水果摊，老奶奶乐呵呵地走了。

【即问即答】

(1)小贩 A 沟通无效是因为什么？更深一步考虑，产生沟通障碍的原因是什么？

(2)小贩 B 成功销售，其原因是什么？

(3)小贩 C 取得巨大成功，其原因是什么？

(4)这个案例对你有什么启发？

(5)试总结有效沟通的规律与方法。

(一)客户沟通程式

1.客户沟通环节要素

根据对案例 1.6、1.7 以及各种服务沟通事项的分析，并对各岗位的客户沟通事项进行典型化整合，我们可以发现，客户沟通内含亲和关系建设、了解客户心理需求、有效表达、异议化解与促成、事后服务等若干环节。

2.客户沟通程式

根据实践经验与相关研究，有效的客户沟通是上述环节按照一定程序展开的一个闭环过程：亲和关系建设→了解客户心理需求→有效表述→促成→化解异议→促成→事后服务→亲和关系建设，这就是通用沟通程式。各种事务沟通都大致依照该程式进行。

对通用沟通程式进行系统化整合，可以将其进一步一般化为：亲和关系建设→了解客户→有效表述→促成；也可以将其进一步简单化为：亲和力→知人→表述→促成，这就是客户沟通程式，见图 1-8。

亲和力、知人、表述、促成在客户沟通中所占权重不同。一般研究认为：亲和力

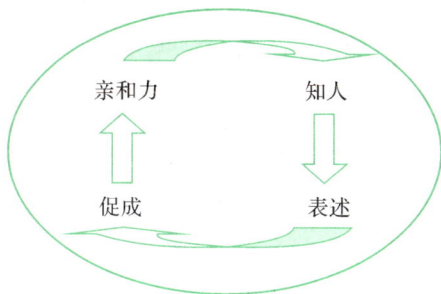

图 1-8　客户沟通程式

约占 40％、知人约占 30％、表述约占 20％、促成约占 10％，这构成了客户沟通金字塔。

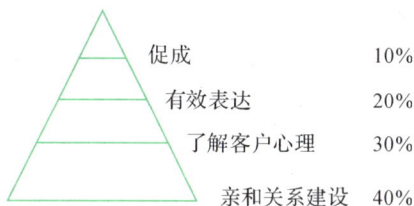

图 1-9　客户沟通金字塔

(二)有效沟通心法

在客户沟通实践中,工作人员首先应与客户建立亲和关系,这就要求心中先有客户利益,关注客户的心理需求;充分了解客户心理需求,故须先问多听,然后针对客户利益需求进行有效表述。

行为取决于心境,一切肢体语言与声音语言都是心灵的外在表现。优良的亲和力、有效表述与有效促成,都基于积极心境,沟通者必须培养与保持积极心境。积极心境是有效沟通的前提与基础,没有积极心境,沟通一定是无效的。

怎样养成积极心境,这是一个难题。学者们提出了多种方法解决这一难题,本书将在亲和力模块的积极自我沟通项目中设计系统方法,以积极自我沟通培养积极心态。其中最核心的是:保持"无我"的心态,运用"太极"的思想。

1.保持"无我"的心态:以客户为先,考虑客户的利益与需求,忘掉自己。

2.运用"太极"的思想:以柔克刚、先顺后引,借力使力、一语中的。

(1)以柔克刚、先顺后引:先顺着客户的兴趣与思路,谈论客户感兴趣的话题,认同客户的思想与需求,培养亲和力;然后通过询问转移话题,引导客户侃侃而谈,从而充分了解客户心理需求与价值模式,进一步引导客户思考预设的情景、思路与价值观念,做好铺垫。

(2)借力使力、一语击中的:在了解客户需求、价值观与决策模式后,按照客户的价值观与决策模式来设计满足客户需求的有效方法,以客户偏好的沟通方式,在客户心动时以适合客户的促成方式进行促成。

案例导引 1.8　　　　　　**服务中的"守""攻"之道**

在某酒店总台,服务员小周正在给915房间的客人办理离店手续。

闲聊中,那位客人旁顾左右,捋下手指上的一枚戒指,偷偷塞到小周手里低声道:"我下星期还要来长住一个时期,请多多关照。"

小周略一愣,然后镇定自若地笑着对客人说道:"先生,这枚戒指样式很新颖,好漂亮啊,谢谢你让我见识了这么个好东西,不过您可要藏好,丢了很难找到。"

随着轻轻的说话声,戒指自然而然地回到了客人手中。

客人显得略有些尴尬。

小周顺势转了话题:"欢迎您光顾我们酒店,先生如有什么需要我帮忙,请尽管吩咐,您下次来我店,就是我店的回头客,理应享受优惠,不必客气。"

客人正好下了台阶,忙不迭说:"谢谢啦,谢谢啦。"

【即问即答】

(1)服务员小周是怎么"守"的?

(2)服务员小周是怎么"攻"的?

(3)该案例对你的启发是什么?

三、客户沟通力结构

通过总结各种客户沟通事项所需要的沟通能力要素,可以整合出一般的客户沟通能力结构:

客户沟通力＝亲和力＋知人力＋表述力(含异议化解)＋促成力＋服务力。

各能力包含若干具体技能与标准要求:

1.亲和力:这是让客户产生好感与亲近感、与客户培养良好亲和关系的一种重要素养,在实践中一般表现为积极自我沟通后的积极心态、良好形象与仪态、合适的见面礼以及沟通中运用同步术等。

2.知人力:这是认识客户、了解客户的心理需求与人格模式的能力,一般包括调研与观察力、询问力、聆听力。

3.表述力:这是根据客户需求有效表达观点建议的能力,以及针对客户异议进行化解的能力,沟通实践中一般表现为引导提示、异议化解等技巧的有效运用。

4.促成力:这是在沟通中恰当地提出决定或成交要求的能力,这有助于实现沟通目标,在沟通实践中一般表现为对客户心理的有效判断、对合作的恰当促成。

5.服务力:这是在客户完成服务消费或交易后提供事后服务的能力,在实践中表现为买单后服务、处理抱怨、客户资料整理、客户跟进等。

四、沟通者素质

沟通者应具备的素质,包括态度、技能、知识三方面,构成"ASK 素质模型",见模型图 1-10。

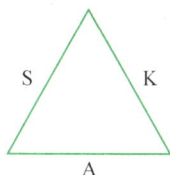

图 1-10　ASK 素质模型

(一)沟通者的素质

1.态度＝A(Attitude):包括认真、用心、有爱心,积极、乐观、自信,能吃苦、有毅力。

2.技能＝S(Skill):包括亲和力、观察力、沟通力、表达力、应变力、缔结力、服务力。

3.知识＝K(Knowledge):包括了解市场与行业状况,熟悉企业情况、产品知识以及其他相关知识。

其中,态度是核心,即使有技能、知识,没有态度也不能发挥效果;技能是关键因素,有效沟通是需要技巧的;知识是基础,这是衡量是否专业、水平高低的标准。

(二)酒店服务员的沟通素质

对于酒店服务业来说,服务员应具备的沟通素质如下:

1.积极热忱,有服务意识。

2.对行业、企业、客人的心理需求有较多了解。

3.由内而外培养优良的亲和力。

4.善于观察、询问与聆听,有良好的知人力。

5.针对客户需求、按照客户价值观有效表述与化解异议,有良好的表述力与异议化解力。

6.具有在恰当时机提出适当建议的促成力。

7.具有提供客人离店服务、整理客人信息、进行节日问候等事后服务力。

【课堂实训】

"成功沟通者素质头脑风暴":分小组讨论→小结→写在黑板上→一起总结成功沟通者应具备的素质。

能力训练

实训 1：讲述一个自己在生活中沟通失败的经历

实训目标：让学生初步了解客户沟通的规律与障碍，进一步训练学生的表述力、肢体语言与声音语言的表现力。

实训内容：举一个自己沟通失败的经历，分析原因。

实训步骤：上台讲述→原因分析→同学们点评该案例与表述行为→总结教训与启示→记录。

实训 2：讲述一个自己在生活中沟通成功的经历

实训目标：让学生初步了解客户沟通规律与障碍，进一步训练学生的表述力、肢体语言与声音语言的表现力。

实训内容：举一个自己沟通成功的经历，分析原因。

实训步骤：上台讲述→原因分析→同学们点评该案例与表述行为→总结教训与启示→记录。

实训 3：运用"太极"思想处理客户投诉

情景：客人甲从楼上下来抱怨说："你们怎么早上不叫我们起床呢？害得我都误事了，可能都来不及了。"

实训目标：让学生进一步理解与体验"太极"思想，体悟"无我"的心态。

实训内容：2 位同学一组，一人扮演客人甲、另一人扮演服务员，根据情景，服务员恰当地回复客人甲。

实训步骤：客人甲抱怨→服务员回复→点评→服务员描述当时心境→点评→纠正性实训。

思 考 与 练 习

一、应知知识练习

1. 沟通的基本要素是什么？

2. 影响人际沟通效果的因素有哪些？

3. 沟通障碍有哪些类型？产生客户沟通障碍的原因有哪些？

4. 成功的客户沟通有哪些要求？沟通者应具备哪些素质？

5. 简单谈谈你对客户沟通技巧的认识。

二、应会能力实训

1. 节日到了，你要送一些"祝福"给你的亲朋好友，你将采取什么沟通方式？比较各种沟通方式的优缺点。

2.基于下述情景,尝试演绎"神入"。

(1)你的朋友失恋了。

(2)你的同学参加应聘未被录用。

(3)你的同学参加省级比赛得了一等奖,心里好兴奋。

3.酒店如何构建有效的沟通渠道?

4.思考训练

案例 1　　　　　　　　**灾难性差错**

1945 年 7 月 26 日,《波茨坦公告》发表,日本当局一看盟方提出的投降条件比他们想象中的要宽松得多,便高兴地决定把公告分发各报刊登载。7 月 28 日,铃木首相接见新闻界人士,在会上公开表示他将 Mokustsu 同盟国的最后通牒。可惜这个词选得太不好了。首相原意是说他的内阁准备对最后通牒"予以考虑",可是这个词还有一个意思,就是"置之不理"。事也凑巧,日本的对外广播机构恰恰选中了这个词的第二个意思并译成英语词语 Take no notice of。此条消息一经播出,全世界都以为日本已拒绝考虑最后通牒,而不是正在考虑接受。消息播出后,美方认为日本拒绝公告要求,便决定予以惩罚。

8 月 6 日,美军在广岛投下原子弹。

【思考与回答】

案例中的"灾难性差错"出现在哪里,本来应该怎样处理?

案例 2　　　　　　　　**小秘书传话**

某公司的党委书记把工会秘书小陈叫到办公室,问道:"你们工会是怎么回事?听办公室的同志说,就差你们的学习计划没有报上来了!刚才我打电话找你们主席也不在。上次开会也没有出席,你们工会这种拖拖拉拉的作风要改一改了!"小陈只是默默听着,频频点头。虽然他知道主席最近因为儿子出差,小孙子患病住院,没有参加会议,并耽误了报送学习计划。但小陈本来胆小内向又怕事,又刚来不久,见书记是个急性子,也就没解释,只是回去向工会主席汇报:"主席,党委书记批评我们作风拖拖拉拉,说您上次没有参加会议,计划也没交,我们工会作风要改一改了。"主席一听,发怒了:"我上次会议不是向党办老李请假了吗! 这书记也太官僚了!"从此以后,工会主席与党委书记就彼此冷眼相看。

【思考与回答】

(1)小陈在沟通出现了什么错误?

(2)如何处理才算好的沟通?

案例 3　　　　　　　　**料事如神**

在波斯的一所学校里,老师在教一位孩子时遇到了不少麻烦。"念 A"(A 在波斯文里念"阿里夫")老师教道。但那孩子抬起头来摇了摇,咬紧嘴唇不出声。老师耐着性子和气地说:"你是个好孩子,请跟我念 A。"可那孩子嘴里只是发出"嗯嗯"的声音。老师没办法了,只好找来这孩子的父亲,两人一起求这孩子念 A。最后孩子屈服了,从他嘴里发出一个清清楚楚的"A"字。老师被这成功所鼓舞,说:"太好了,现在念 B。"可那孩子却火了,用他的小拳头敲着课桌喊道:"够了! 我就知道念了 A 会有什么事。我念了 A 你就会让我念 B,然后我就得背整个字母表,还得学读和写,后面还有算术题要做。这就是为什么我不愿意念 A!"

【思考与回答】

是什么原因导致了这个孩子与教师有沟通障碍?

案例 4 **黑色幽默**

有三个人要被关进监狱三年,监狱长允许他们每人提出一个要求。

美国人爱抽雪茄,要了三箱雪茄。

法国人最浪漫,要一个美丽的女子相伴。

而犹太人说,他要一部与外界沟通的电话。

三年过后,第一个冲出来的是美国人,他的嘴里鼻孔里塞满了雪茄,大喊道:"给我火,给我火!"原来他忘了要火了。

接着出来的是法国人。只见他手里抱着一个小孩,那个美丽的女子手里牵着一个小孩,肚子里还怀着一个。

最后出来的是一位犹太人,他紧紧握住监狱长的手说:"这三年来我每天与外界联系,我的生意不但没有停顿,反而增长了 2 倍,为了表示感谢,我送你一辆劳斯莱斯!"

【思考与回答】

三个囚犯的不同命运说明了什么?

知识拓展

一、组织沟通

组织沟通包括组织内部沟通与组织外部沟通,其中组织内部沟通是组织内部成员、部门之间的沟通,分为正式沟通、非正式沟通。组织外部沟通主要是与组织的政府机构、社会单位、新闻媒体、合作伙伴、客户等的沟通。

酒店组织内部沟通方式包括:指示与汇报,会议与个别交流,内部刊物与宣传告示栏,意见箱与投诉站,网络沟通(局域网上的个人主页、论坛、聊天室、建议区、公告栏),领导见面会与群众座谈会,家属联系(邮寄工作资料、邀请参加活动)等。

正式沟通又可以细分为上行沟通、下行沟通、平行沟通、斜向沟通等形式。酒店正式沟通是由酒店组织内部明确的规章制度所规定的沟通方式,包括正式组织所发布的命令、指示、文件,正式会议,正式颁布的规章、手册、简报、通知、公告,员工之间因工作需要的正式交往。

酒店非正式沟通是以员工之间关系为基础,与组织内部明确的规章制度无关的沟通方式,它的沟通对象、时间、内容等都是未经计划并难以辨别的。非正式沟通的主要形式有员工之间的非正式接触、社交来往、非正式宴会、聚会、聊天等。它是酒店良好氛围形成的必要条件,相对有较大的弹性。

酒店外部沟通包括酒店与客人、旅行社、新闻媒体、政府机构、社区及其他组织的沟通。

二、管理沟通

管理沟通就是从事管理活动过程中的沟通,是围绕经营而进行的信息、知识、情报的传递和交换过程。管理沟通的重点是领导者、管理者与员工之间的沟通。这些沟通活动的成功与否决定了管理成效的大小。

从信息流向来看,管理沟通主要是下行沟通、平行沟通,所以是组织沟通中的一个分支。下行沟通是管理者与员工之间的沟通,包括指示、命令、赞扬、批评、通知、公告等;平行沟通是管理者之间的沟通,包括协商、建议、圆桌会议等。

模块二　亲和力

活动与案例

情景活动 2.1　　　　**你是否令人讨厌？——亲和力测试**

对下列每题做出"是"或"否"的选择：

1. 当你在路上匆忙行走时，别人向你打招呼"你好啊"，你会停下脚步同他聊聊吗？　　　是/否

2. 与朋友交谈时，你是否总是以自己为中心？　　　是/否

3. 聚会中，不到人人疲倦，你不会告辞。　　　是/否

4. 不管别人有没有要求，你都会主动提出建议，告诉他应该怎么去做吗？　　　是/否

5. 你讲的故事或佚事是否总是又长又复杂，别人需要耐心地去听？　　　是/否

6. 当他人在融洽地交谈时，你是否会贸然插话？　　　是/否

7. 你是否会经常津津有味地与朋友谈起他们不认识的人？　　　是/否

8. 当别人交谈时，你是否会打断他们的谈话内容？　　　是/否

9. 你是否觉得自己讲故事给别人听，比别人讲给你听有意思？　　　是/否

10. 你是否常提醒朋友要信守诺言，提醒他"你记得吗"或"你忘了吗"？　　　是/否

11. 你是否坚持要朋友阅读你认为有趣的东西？　　　是/否

12. 你是否打电话打个没完，让其他人在一旁等得着急？　　　是/否

13. 你是否经常指出朋友的短处，并要求他们改进？　　　是/否

14. 当别人谈论你不喜欢的话题，你是否就不说话了？　　　是/否

15. 对自己种种不如意的事情，你是否总喜欢找人诉苦？　　　是/否

选"是"记 1 分，选"否"记 0 分，统计总分。

你的总分是_____。 如果果总分多于 5 分，说明你在许多方面令人讨厌，在日常交往中要注意改进。

案例导引 2.1　　　　**"温情服务而不是你的规定"**

高星级酒店一般最忌有客人在酒店公共区域特别是大堂内做出不雅姿态，这会严重影响酒店的整体形象。

某日，酒店内有一客人在大堂休息区域的沙发上睡着了，姿态非常不雅：整个人占了两个座位，脱了鞋的脚搁在茶几上，很多想过去休息的客人"望而生畏"。这时行李生小李意识到应该去处理一下这个问题。于是他走到客人旁边，轻轻地摇醒了

客人,礼貌地跟客人说:"先生,对不起,这里不能睡觉,这里是给客人坐的。"客人睡眼惺忪地望了一下小李,不满地说道:"你这里不是给客人休息的吗? 我住你们酒店,为什么我不能在这里休息一下? 你这里又没写只能坐不能躺。"他没有任何想起来的意思,对小李打搅了他的美梦非常不满。这可把小李难住了,如果不马上处理被领导看到可是要挨骂的,于是立刻寻求领班小张的帮助。小张听完后马上来到大堂,微笑着走到客人面前,礼貌地向客人说道:"先生,不好意思,打搅你一下,您看今天外面气温比较低,您如果睡在这里的话肯定会着凉的。您累的话回房间睡比较好。"客人睁开眼未动。小张继续保持微笑向客人说道:"而且我们这里的沙发是为客人临时休息设计的,比较窄,您万一睡着了,稍微一翻身,就容易掉下来伤到您。"小张说完话后一直面带微笑等在客人边上,客人迟疑了一下起身走了。事后小李向领班小张请教,小张告诉小李说:"你没有从客人角度出发去考虑,客人需要的是你的温情服务,而不是你的规定。"小李听了恍然大悟。

学习目标

【知识目标】

1. 理解亲和力的意义、概念,了解其培养方法。
2. 理解自我沟通的概念、价值。
3. 了解塑造良好形象的意义与基本要求。
4. 理解见面礼仪的概念与要求。
5. 了解"同步"的意义、概念、常用方法。

【能力目标】

1. 会初步进行自我沟通。
2. 较正确地进行良好形象塑造。
3. 学会基本的招呼与寒暄。
4. 学会初步的同步沟通。

项目一　亲和力概述

理论知识

观念:"一切沟通的质量取决于沟通者本身!"

一、亲和力的意义

客户沟通是与客户进行心理互动的过程。在这一过程中,客户的心理感受是首要的,客户对服务员的印象决定着沟通行为是否继续。酒店服务质量的高低,取决于客户对服务的满意度,客户的满意度取决于服务员的沟通质量。优秀的沟通行为可以客户产生愉悦的感受,继而欣赏、信任服务员,从而接纳服务员建议,配合服务员的工作,进而满意酒店服务。

与客户培养亲和关系是客户沟通的首要环节,是成功客户沟通的前提,这就是亲和力的价值意义。

案例导引 2.2　　　　　　　　　**成功接待**

领位员小吴在焦急地等待一个迟到的旅游团。该团预订的用餐时间是晚6时,可现在已经到了7时,客人仍不见踪影。又过了半个小时,小吴终于看见导游带着一群客人向餐厅走来。

"您是××旅游团的陪同吗?"小吴忙走上前问道。

"不是。我们团队没有预订,但由于飞机延误起飞,想在你们这里用餐,请务必帮忙解决。"陪同向小吴解释道。

"请您稍候,我马上替您联系。"小吴忙说,"实在对不起,我忘记告诉您。卫生间在餐厅的右侧。请您先带客人去,我马上就回来。"小吴说毕就去找餐厅经理联系。

经过沟通,餐厅同意了客人的要求,并决定请客人先用原订旅游团的餐位。

小吴刚把这批客人安排落座,那个预订过座位的团队就赶到了。

"实在对不起,先生。你们已经超过预订时间很久了,所以您原订的餐位已经被人占用。不过,我先带你们去休息室休息一下,马上就给你们安排座位,时间不会太久。"看着这些面带倦意的客人,小吴急中生智地对该团队的陪同说道。小吴带客人去了休息室,告诉他们卫生间的位置,并让其他服务员为他们送来了茶水。然后急忙回去联系餐位。

10分钟后,小吴赶到休息室告诉客人,仍需等一下,并问大家休息如何。大多数人对小吴积极主动的服务态度表示理解。又过了5分钟,餐厅终于完成了撤台、摆台、通知厨房出菜等餐前准备工作,小吴再次来到休息室对陪同说:"对不起,让大家久等了。我们在餐前与你们的联系不够,没有及时掌握大家的行程,致使大家等候,请原谅。"

"这次迟到主要是我们的原因,饭店能在这么短的时间内为我们重新准备好晚餐是相当不错的,让我们感谢他们主动热情的服务。"陪同带头鼓起了掌。

客人们怀着满意的心情,跟随小吴走进了餐厅。

【即问即答】

(1)饥肠辘辘的游客对小吴表示理解,这是出于什么原因?

(2)试点评小吴的接待方法?

二、亲和力的概念

亲和关系是指在与客户沟通的过程中,服务员从内心到外在传递友善信息给客户,使客户产生一种愉悦继而欣赏、信任的心理感受,从而与服务员建立起亲切友好的人际关系。这种培养亲和关系的能力或是让人感受到亲切和善的素养就是亲和力。

亲和力表现为积极的心态、良好的服务意识、端庄的仪态、合礼仪的招呼与寒暄、询问与聆听、认同等方面。

案例导引 2.3   "服务太好了!"

8月的苏州,天气炎热,但到这里来的旅游者仍络绎不绝。

某星级饭店里住满了来自各国的旅游者。其中一位孤僻的美国客人住在这里已有一周。他不苟言笑,总是板着脸,即便服务员笑脸相迎,他也不露声色。

此君每天总到自助餐厅吃早餐。每当吃过盘中自选的食品后,他总要在台上寻找一些什么东西。一连两天都是这样。第一天,服务员笑着问他需要何物,没有得到答复。第二天,服务员又耐心地询问,他仍然没有回答,搞得她好不尴尬。当这位美国人正要走出餐厅时,服务员又笑着问他是否需要帮助,他终于说出"香蕉"一词。第三天,当他出现在餐厅时,一大盘香蕉呈现在他面前,这情形让他惊喜,他绷紧的脸上第一次出现了微笑。

在以后的几天内,此君每天早上都能享用到香蕉。

几个月后,这个冷面人再次光顾了这家饭店。次日早上他步入自助餐厅时,自以为这次餐厅不会有香蕉。但他错了,餐台上摆着一大盘香蕉。服务员笑着告诉他,总台服务员昨晚把他入住饭店的消息告知了餐厅。

"服务太好了!"这位冷面先生的脸上不禁露出了欣赏之情。

三、亲和力的程式

根据客户沟通实践,亲和力培养是若干要素的逻辑发展过程,见图 2-1。

如图所示,在服务工作的客户沟通实践中,一般可以采用如下步骤构建亲和力:积极自我沟通→良好形象与仪态→良好的开场白→沟通中运用同步术。

其中,积极自我沟通是核心、基础;良好形象与仪态、良好的开场白形成良好第

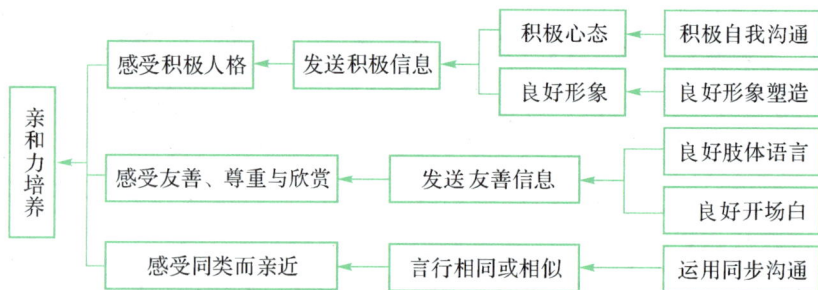

图 2-1　亲和力养成的逻辑示意图

一印象;同步沟通进一步强化亲和关系。

【即问即答】

(1)在与别人交往的过程中,你一般急于做什么事情? 是急于自己先说东西的优点好处,还是先与客户寒暄闲聊一番?

(2)让别人喜欢你、接受你,你觉得怎样做比较有效? 你的心得是什么?

能力训练

实训 1:叙述成功体现亲和力的故事

实训目标:考核学生对亲和力的理解与表述能力。

实训内容:说说生活中给别人留下良好的第一印象的情形,分析原因。

实训 2:叙述未能体现亲和力的故事

实训目标:考核学生对亲和力的理解与表述能力。

实训内容:说说生活中给别人留下不良第一印象的情景,分析原因。

实训 3:分角色扮演前厅服务员接待客户

情景:有一群人簇拥着一位器宇不凡的中年人走向前台,你准备接待他。

实训目标:初步体会接待客人的要求和亲和力。

项目二　积极自我沟通

案例导引 2.4　　　　　　　　　　**煮熟的鸭子飞了**

一天,某酒店宴会部的预订员孟小姐接到了某大公司总经理秘书赵先生打来的预订电话。对方在详细询问了餐厅面积、餐位、菜肴风味、设备设施、服务项目等情况后,提出预订一个三天后 200 人规模的高档庆典宴会。孟小姐热情地向客户介绍了各种情况,双方开始约定见面时间。

赵先生提议道:"小姐,请你明天上午 9 点到我们公司来签一下宴会合同,并收取订金。"

"我们这几天业务繁忙,人手不够,还是请您抽空到我们酒店来一趟吧。"孟小姐答道。

最后,赵先生同意下午来查看场地,并签订协议。

放下电话,孟小姐感到十分高兴,暗自寻思:没想到今天预订的生意这么好,这已经是第 10 个预订电话了,看来这个星期完成任务是没有问题了。

此后,孟小姐又接了几个电话,都是小宴会厅的中、低档客户。孟小姐对待他们的态度显然没有那么热情了,接电话的时间也显得拖拉起来。这些电话中有一位山西口音的李先生,要求预订当晚淮扬风味的 8 人宴会,每人标准 100 元。孟小姐很不耐烦地告诉他,预订已满,请他到其他地方预订。

当天下午,孟小姐一心在等赵先生的到来,结果却只等到一个回复电话。

"对不起,小姐,我们李总不想在你们酒店预订这次宴会了。"赵先生说。

"为什么?是不是需要我亲自到你们公司去一趟?"孟小姐急忙问。

"不必了。我们李总就是刚才给你打电话预订 8 人宴会的那位。他说连 8 个人的小宴会都接待不了,还谈什么 200 人的大宴会呢? 所以他让我把宴会订到其他地方。"赵先生含有歉意地解释着。

"这……"孟小姐的心里顿时充满了懊悔与失落。

【即问即答】

(1)为什么煮熟的鸭子飞了?

(2)指出孟小姐的若干错误之处。

理论知识

一、积极心态

服务员的首要素养是积极的心境与良好的服务意识,这决定着亲和力培养及酒店服务质量。

案例导引 2.5   **满意加惊喜的服务**

小徐 2000 年来到海情大酒店,一直在前厅做服务工作。与他一同来酒店的服务生因为耐不住这份工作的枯燥和琐碎,已相继转行了,只有小徐,在这个岗位上一干就是 7 年。7 年来,他以比对待亲人还亲的感情对待每一位求助的客人,赢得了客人的称赞。

一天上午,像往常一样,小徐在酒店大堂巡视着,随时准备为客人提供帮助。这时匆匆跑过来一位台湾客人。原来客人的腰带扣突然断了,想请小徐帮忙解决一下。考虑到客人马上要随团出门旅游,小徐将客人领到卫生间,将自己的皮带解下来,请客人先解燃眉之急。客人高兴地随旅游团旅游去了,小徐找了一根绳当作腰带系上,又开始为客人忙碌起来。等晚上客人回到酒店,小徐已将客人的皮带扣修好,放到客人的房间,令客人好不感动。这样的故事发生在小徐身上很平常。

小徐说,他理解的酒店前厅服务就是让客人"满意加惊喜",让客人从踏入酒店到离开酒店,自始至终都感受到无微不至的关怀和照料,而他则努力成为一个客人旅途中可以依赖的朋友,一个可以帮助解决麻烦问题的知己,一个提供个性化服务的专家。这也是国际饭店金钥匙组织对金钥匙品质的要求:见多识广、经验丰富、谦虚谨慎、热情、善解人意。

客户沟通是信心的传递与情绪的感染。对客户来说,往往是因为服务员的热情、友爱而被感染,进而感动。因此,心境在很大程度上决定了客户沟通的效果,积极心境意味着感染力、机会、成功,反之亦然。

二、积极自我沟通的意义

如何培养积极心态?通过积极自我沟通!

只有相信自己,认可自己,喜欢自己,才能相信别人,喜欢别人,才能发出友善的情感信息;只有影响了自己、说服了自己,才能真正激发内心的热情和潜能,汇聚成情感的感染力,潜意识地、无意识地使他人接受,而不是被说服。积极沟通自己→积极心境→影响自己→激发内心潜能→产生感染力、影响力→感染别人→沟通别人。

积极自我沟通的意义如下:

1. 积极自我沟通决定了积极心境,而积极心境是客户沟通力的首要素养,也是亲和力的核心,积极自我沟通有助于提升亲和力与客户沟通力。

2. 积极自我沟通激发自信,形成个人成长与发展的良性循环,帮助自己走向成功。

积极自我沟通是客户沟通的核心、前提与必需环节,没有良好的自我沟通,就没有积极心境,也就难以建立亲和力,更难以开展有效沟通。

三、积极自我沟通的内涵

自我沟通就是 I 对 me 的沟通,即自己就有关自己的事物(自我、从事的工作、所在的组织等)进行价值评判。积极自我沟通就是从正面角度,运用积极思维方式与自己沟通,通过积极评价、正面关注、积极提问、正面回答等方式,让自己在工作、学习、生活中处于积极状态。

酒店服务员要通过积极自我沟通,培养自己在从事酒店服务工作时保持积极心境、良好服务意识的素养。

案例导引 2.6　　　　　　**迎宾员的职责观**

厦门鹭江宾馆的施志清自从做了迎宾员,每天 9 个多小时站在"鹭江宾馆"四个大字的下面,迎来送往已有 5 年。在迎宾员这个岗位上,施志清秉持"迎进一位客人,送上一片温情"的理念,5 年如一日地默默服务着。一次,美国建东银行厦门分行董事吴连生先生住进鹭江宾馆,因病咳血。当天下午 3 点多钟,小施正准备下班,看到这一情况后,立即叫了一辆的士,陪客人去看病。从医院出来时,天色已晚,医院附近没有车子,小施又徒步走了很远,为客人雇了一辆的士陪着返回宾馆。

在迎宾员岗位工作的 5 年中,不管别人怎么看,这位小伙子始终觉得迎宾员工作职微责重,从某种意义上来讲,是代表了整个特区的形象、甚至国家的形象,应当秉持"迎进一位客人,送上一片温情"的服务理念,热爱岗位、积极服务。

【即问即答】

(1)酒店服务员应该如何看待各类酒店岗位工作?

(2)酒店服务员在从事酒店服务工作时应该抱以怎样的心态?

四、积极自我沟通的方法

综合目前成功学、客户沟通研究、客户沟通的实践与员工培训中所采用的方法,积极自我沟通的方法可归结为积极自我评价、明确目标计划、心存感激、积极解释、积极聚焦、心灵热身、活力身体和反省反馈,如图 2-2 所示。

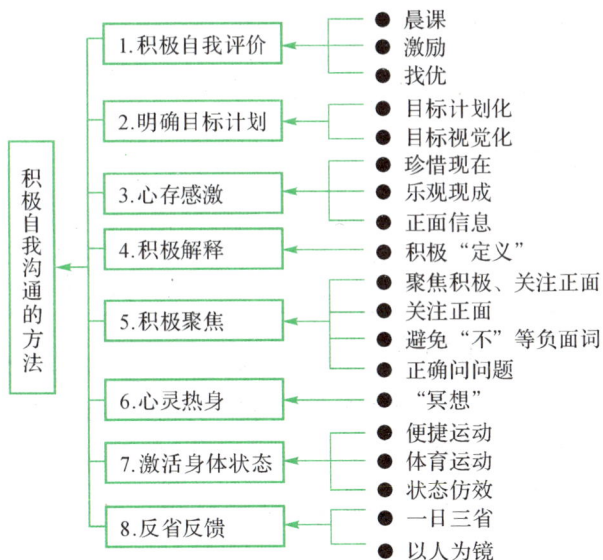

图 2-2　积极自我沟通的方法体系

积极自我评价使人相信自己、爱自己,从而激发爱与欣赏的心境,这是一切的前提;明确目标计划可以激发内心的潜藏梦想与实现梦想的信心;心存感激可以唤起感恩之心;积极解释、积极聚焦可以让我们从正面看问题,用积极手段应对挫折;心灵热身是积极自我暗示,激活身体就是通过肢体动作来刺激身体兴奋,从而使身体与心灵处于良好状态;反省反馈是借助于外部心灵来比照、发现自己的不足,从而进一步调整、完善心理状态。每一种方法都有各自具体的措施,但确切地说,它们的有效性基于沟通者各自的实践力度。

(一)积极自我评价

只有肯定"自我",才能有感染力! 所以要先认可"自己",喜欢"自己"。

其中,"自我"内涵包括自己的形象、性格、成就、思想观念,还包括自己身边的亲人、自己所在的学校或单位、自己所从事的岗位或所读的专业、所在组织的产品或服务等。客观而言,每人所拥有的"自我"很难尽如人意,如何面对"自我"对心境有极大影响。在工作、学习、生活中可这样自我沟通:①积极看待自己,例如以"我是最棒的!"来进行自我沟通;②积极看待组织,例如认为"本组织(单位)是优秀的、诚实的、有长远发展的、有优秀企业文化的、可靠的";③积极看待服务(或产品),例如认为"我所提供的这种服务或产品有很好效用,正好能帮助客户解决问题,是客户急需的东西,是超值的"。

总结培训与沟通实践中的方法与经验,可以采用如下方法:

(1)找优:挖出"自我"的优点与价值、曾经取得的成绩,见表2-1。

表 2-1　积极自我评价表

评价 对象	优点与价值	曾经取得的成绩
自己	优点: 价值:	成绩:
单位	优点: 价值:	成绩:
服务或产品	优点: 价值:	成绩:

(2)晨课:每天早上对自己大声说20遍"我是世界上最优秀的……"、"我是世界上最棒的……,因为……",如《世界上最伟大的推销员》中所要求的那样。

(3)激励:欣赏励志性的音像作品,如《我们是冠军》、《相信自己》、《真心英雄》、《小草》、《独一无二》、《超越另一个自我》、《从头再来》等。

(二)明确目标计划

明确目标计划能够使人激发梦想、开阔胸襟,从而激发激情与豪情,唤起信心。

总结工作实践与学习中的方法经验,可以采用如下方法:

1.计划法。列出实现目标的清晰路线图与时间安排,以数字清晰地列出。即要有路线图、时间表,要数字化、明晰化。

2.视觉法。把所要达成的目标以实物代替、以图画表格展现并放在显眼处,以不断刺激感官。

(三)心存感激

在与客户沟通时怀有感恩的心,才能友善待人,最终感动客户;才能习惯运用正面词汇,如"很好啊……",使得客户愿意与你交流。

在实践中,一般可以采用下述方法:

1.珍惜现在:接受与珍惜现在所拥有的一切,包括家庭、学校与专业、工作、产品等。

2.乐观现成:欣赏现在所拥有的。

3.运用正面词汇:用正面词汇来沟通自己与客户,比如"好极了"。

案例导引 2.7　　　　　　　　　　　　爱　心

一对上了年纪的老夫妻在一个寒风刺骨的夜晚,走进了路边一间简陋的旅店。但很不幸,这间小旅店早就住满了。

"这么冷的天气,我们该住哪儿呢? 我们都找了十几家旅馆了,没想到这一家还是客满。"望着店外的夜色,这对老夫妻哀叹道。

这时,店里一个小伙计看到两位老人岁数已经很大了,再受冻,真是于心不忍。于是,他让这对老夫妻睡在自己的床铺上,而自己在店堂打个地铺睡了一晚。

这对老夫妻非常感激,第二天离店时坚决要按照住店的价格给那个小伙计钱,但那个小伙计坚决拒绝了。临走时,老夫妻开玩笑地说:"你经营旅店的才能足够当一家五星级酒店的总经理。"

"这倒不错,那样的话我的薪水完全可以让我的母亲安享晚年了。"小伙计也开玩笑地随口应和。

两年后的一天,小伙计收到一封来自纽约的信件,信中夹有一张去纽约的机票,信中邀请他去拜访两年前睡他床铺的老夫妻。

小伙计应邀来到纽约,老夫妻把小伙计带到第 45 大街和 34 街交汇处,指着那儿一幢摩天大楼说:"这是一家专门为你兴建的五星级宾馆,现在我们正式邀请你来当总经理。"

这个小伙计就是希尔顿。

【即问即答】

(1)你对你所在的学校有怎样的感情?

(2)对于批评过你的老师,你怎样评价?

(四)积极解释

在人生路途中,谁都无法逃避挫折,我们应该选择坚强地面对,这就是运用正面解释来排解。比如,对于"遭受客户拒绝",可重新"定义"为:"这不是拒绝,只是还没有沟通到位,这是再沟通的邀约","没有失败,只是尚未达成结果。"

凡事有多面性,看待问题应该从积极角度来解释,给自己以良好的希望,留存一份乐观。

【即问即答】

(1)客人嫌酒店小,你怎样进行自我解释并对客户进行解释?

(2)客户嫌酒店的房价贵,你怎样解释?

(3)客户对你推荐的产品"鸡蛋里挑骨头",你怎样面对,如何处理?

(4)面对客户的抱怨与训斥,你怎样进行自我沟通?

(五)积极聚焦

积极聚焦可以有效地创造积极心境,在实践中可以运用关注积极正面、避免负面词语、正确问问题等方式。

1.关注积极正面

案例导引 2.8   **一场生日宴会**

因为小张有要事无法参加朋友的生日宴会,就请小王、小李把生日场景拍下来日后欣赏。小王与小李各自摄像,小王专门对着好的场景(快乐的情景)拍了近一个小时,小李专门对着糟糕的场景(杯盘狼藉、大声尖叫的情景)拍了近一个小时。

小张回家看了这两份录像之后,发出了完全不同的感慨。看了小王拍摄的录像,他发出"真可惜啊,怎么就没去成呢?"的感叹;看了小李拍摄的录像,他则庆幸"幸好没去"。

结果:同一场宴会,看到两个截然不同的世界,感受两种相对的心境。

【即问即答】

试推测小王、小李各是什么样的人?

"注意力=事实"。我们所看到的、所注意到的对我们才是有意义的,才是心灵感受到的。心灵摄像机关注的角度决定了人生的感受。

情景活动 2.2   **黑板上演算数学题**

在黑板上快速地演算算术题,如下方式:"1+8=9,2+7=9,3+6=9,4+5=9,6+2=9,7+2=9……"看看同学们有什么反馈?

反馈:同学们喊叫着"6+2=9"错了。

【即问即答】

(1)为什么人们通常关注错的、忽视对的?

(2)"人生中,做对 99 件事情而最后一件做错,这件做错的事情会被深深关注。"为什么会这样?这句话对你有什么启发?

负面事物有 4 倍于正面事物的吸引力,所以人的注意力有负面偏好(偏好于关注负面、丑恶的东西)。这样的偏好(关注错的、忽视对的)没有任何好处,它只能让人体会丑恶与痛苦。如不加掌控,经常处于这样负面的环境中,收获的是负面信息,最后形成的是负面的人格。"孟母三迁"的故事说明了环境对于人成长的重要性。

"成功是习惯性的正确思维方式,即积极正面思维与关注积极事物导致成功",因为"成功←有效行为←优秀习惯←优秀性格←积极思维"。所以,在生活与工作中,人们应关注积极正面的事情,选择或者创造一个积极的环境。

2.避免用"不"、"别"等负面词句

情景活动 2.3

⊙ 关心别人、善意地提醒与鼓励朋友:"不要紧张! 千万别紧张啊!"

⊙ 当宝宝端一杯水颤颤地走向你,你紧张地大声喊"宝宝,千万不要摔倒了!"

⊙ 老师说:"同学们,闭上眼睛,想象老师分给同学每人一个柠檬,切一半,放在手中,用力地捏它,流出柠檬汁,举起手把柠檬汁流入嘴中,好好地体味柠檬汁的味道……",半分钟后,老师要求"千万不要流口水"!

听到这段话,你的心理感受是_____。

据科学研究表明:潜意识能量是意识能量的 3 万倍,但潜意识没有智慧,没有逻辑判断力。潜意识不能辨别"不、不要",对于"不、不要……"等语句,则直接忽略"不"而强烈关注"不"后面的词句,因此,潜意识所关注的"不"后面的"事物"的力量是有意识所关注的"不……"的力量的 3 万倍。一般情况下,年幼时、意识模糊时、大脑混乱时、紧张时的潜意识最强,此时潜意识能量是有意识能量的 3 万倍,有意识所关注的"不……"几乎是忽略不计,所以直接在大脑中关注"不"后面的"事物"。在上述活动中,客观而言,孩子可能是听你的"摔倒"的指示而"摔倒"、朋友因听你的"要紧张"的提醒而"心中紧张",你是指挥者。

所以"不……"的结果是自然地"关注负面事物"。

在沟通实践中,我们可以采用如下方法:

(1)避免运用"不"、"别"等否定词语

避免运用下述词句:"不要怕"、"别紧张"、"不要难过"、"不哭"、"不用担心,绝没问题"等。

比如:要千万避免"你绝对不用担心,这房子牢靠得很,绝没问题!"这样的说法,这是在提醒客户想"哎,这房子有没有问题啊";同样避免"你绝对不用担心,酒店的安全绝没问题"的类似说辞,这是在提醒客户去想"安全有问题吗?"

(2)运用正面引导、积极询问、转移话题等方式

1)正面引导。如:"宝宝,真乖,好好,过来,过来啰。"

2)转移话题。如:"啊,上次你表演得多棒啊!"

3)积极询问。如:"您对住店有什么要求?";"您要标间还是单人间?"

用上述话题信息来吸引客户的注意力,以让其大脑中没有空间储存负面信息,让正面信息充满大脑,调动积极情绪。

(3)运用"注意于自己想要的,而不是自己不要或恐惧的"思想法则

【课堂实训】

(1)老师对同学们说:"闭上眼睛,千万不要想红色,千万不要想红色……",同学们眼前出现什么颜色?

(2)试试"鼓励行为",用有效的语言鼓励你的朋友上台演讲。

3. 正确问问题

情景活动 2.4

⊙ 老师问同学:"今天星期几?"

⊙ 老师按照下述顺序问同学:"能力重要还是文凭重要?"→"怎样才能学到能力?"→"那要怎么办?"

⊙ 问题1:"为什么我这么胖?"→"为什么我这么贪吃?"

⊙ 问题2:"胖有什么好处与坏处?"→"那要怎么办?"

【即问即答】

(1)不同方式的提问会收到怎样不同的结果?

(2)这个情景活动对你的启示是什么?

科学研究表明:问题引导注意力。

回答的内容与提问的内容和方式密切相关,也与回答者的心境紧密关联,即"问题→思考→注意力→心境"。

所我们要力求以合理的方式发问。

在沟通实践中,我们可参考运用下述成功者之问并避免运用失败者之问。

(1)成功者之问:"我哪些地方不错? 我要怎么做才能更好",即典型的刘邦型问计"如之奈何"(下一步该怎么办)。

(2)失败者之问:"为什么我这么倒霉? 为什么今天这事偏让我碰上"、"为什么我……",即典型的项羽型泣叹"虞兮虞兮奈若何"。

(六)心灵热身

心灵热身可使心灵激荡,让人产生充满必胜的成功感觉,释放潜意识力量。实践中常采用"冥想"、"电影放映"等方法。

1. 冥想五步骤:回想成功经历→闭眼、深呼吸、放松→想象最佳结果→说出一个成功达成理想目标的肯定叙述句→抓住这种感觉,焕发自信与活力状态,然后敲门、打招呼、与人沟通。

经常练习,形成习惯,让自己随时处于最佳状态。

2. 电影放映:类似冥想五步骤,把与人沟通的整个过程如同看电影一样在脑中以积极方式放一遍,然后感受与抓住这种成功的感觉,然后敲门、打招呼、与人沟通。

(七)激活身体状态

现代生理学与心理学认为:身体状态与心境相互影响,也就是"身心互动"。心境可以影响身体状态,身体状态也可以影响心境。

⊙ 心境影响身体状态。如:"春风得意马蹄急"、"志高气岸"。

⊙ 身体状态影响心境。如:"垂头丧气",即垂头则丧气;长期窝着趴着、闷看闷坐闷做则闷闷不乐,反之,打一会儿篮球或羽毛球,则可以驱散郁闷情绪。

由此可知,充满活力的身体状态可以产生积极的、有活力的心境。因此,在工作实践中可以通过生理状态的改变来调整心境,借着充满活力的身体状态激发积极心境,从而提升影响力、提高行为效益,最终提高人生品质。

在沟通实践中,我们可以运用下述方法来有效地调整心境。

1.便捷运动:包括楼梯运动、抬头挺胸、轻快走路等方式。

2.体育运动:在工作之余进行各种球类运动,或是见缝插针进行办公室运动,如伸懒腰、扭腰、活动四肢等。

3.状态仿效:仿效自己顺心顺利时的身体状态,或者下意识地模仿自己尊敬且推崇之人的生理状态——他的步态、脸部表情、眼神、动作、说话语气、呼吸深度……

(八)反省与征询反馈

1.吾日三省吾身

与自己的心灵对话沟通,看到自己的成绩与不足,分析之,采取有效措施改正之。

2.征询反馈

以人为镜,请别人指出自己的不足,分析并找出根源,真诚地求教改进方法与成长建议,积极采纳并加以改进。

能力训练

实训1:"如何看待自己"

情景1:在酒店工作的自己,高职大专毕业,在门房已经干了一年,尚无更换岗位的迹象。

情景2:所供职的酒店是一家新开的酒店,没有星级,但设施毫不逊色于4星级。

实训目标:考核与训练学生的自我沟通力、积极思维素养、语言表达力。

实训内容:就不同情景做积极自我沟通,把自我沟通的内容表述出来。

实训步骤:选取情景→准备1分钟→上台表述→点评→撰写实训报告。

实训2:"被客户批评甚至责骂"的自我沟通

实训目标:考核与训练学生的自我沟通力、掌握"积极聚焦"与"积极定义"的水平、语言表达力。

实训内容:就上述题目情景做自我沟通,把自我沟通的内容表述出来。

实训步骤:准备1分钟→上台表述→点评→撰写实训报告。

实训3:"在酒店工作的目标计划"

实训目标:考核与训练学生设定目标、实施计划的能力。

实训内容:把设想的目标与计划用文字、声音、图像、模型表现出来。

实训步骤:准备1分钟→上台表述→点评→撰写实训报告。

项目三　良好形象塑造

理论知识

积极自我沟通可造就积极心境,使人精神焕发,再加上良好的形象,将给客户产生良好的第一印象,形成亲和力。

一、良好形象塑造的意义

良好形象可以给客户留下良好的第一印象,从而取得客户的好感与信任,收获进一步沟通的机会,可以说就有了50%的成功。

很多这方面的俗语就能够说明问题,比如:"人靠衣裳马靠鞍"、"三分长相七分扮"……重要的是,这种第一印象很有生命力,其影响力可以持续相当长的时间,"七秒感觉＝7 年印象"。这种现象在心理学上称为"首因效应"或"知觉偏差",我们应该把握规律,采取正确行为,让客户产生良好第一印象。

二、良好形象塑造的要求

客户对服务员或业务员的第一印象来源于其形象仪态、衣着、表情、神态和话语。如果因形象不佳而被人误解,则是很可惜的。

良好形象决定着第一印象,而良好形象一般包括:言行举止、音容笑貌、衣着打扮,良好形象的具体要素如图 2-3 所示:

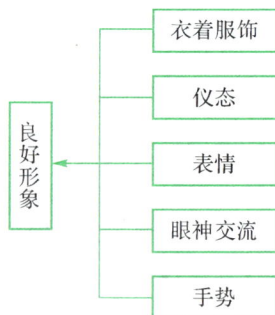

```
                    ┌─ 衣着服饰
                    │
                    ├─ 仪态
  良好形象 ◄─────────┼─ 表情
                    │
                    ├─ 眼神交流
                    │
                    └─ 手势
```

2-3　良好形象的具体要素

(一)衣着服饰

衣着是内心的外在信息表达,反映了品质、价值观、好恶等信息。男女服饰要求有很大区别,同时也有共同之处。

1.男士服饰

一般服饰要求:采用中性服饰即职业装,要求着西装、领带、皮鞋,具体如下:

◆颜色:外衣为黑、灰、深蓝色;衬衫为纯白、浅蓝色,避免黄色、绿色等耀眼的颜色;领带为西装色或接近;皮鞋一般是黑色,袜子为深色;皮带与皮鞋颜色接近;全身服饰的颜色不能多于三色。

◆外衣:西装,纽扣 3～4 粒。

◆衬衫:选用与西装颜色相衬的浅色。

◆领带:到腰带正中央。

◆皮鞋:无绑带,一般是黑色。

◆袜子:长度与颜色适宜。

2.女士衣着

一般要求:庄重即正装(职业装),可选择明快的色调。

(1)一般着西装与西装裙,西装裙不能太短。

(2)头发颜色与发型要保持职业风格,不能偏离常态。

(3)长筒丝袜,并预备备用丝袜,以防出现破洞。

小结:衣着服饰一般要求得体、干净、注意细节。

(1)得体:与现在的地位、身份相符的款式、质地。

(2)洁净:外表整洁,严禁衣冠不整。

(3)注意细节:面料要柔和有质感、熨烫平整、去线头。

【即问即答】

(1)餐厅送菜服务员涂红色指甲油是否合适?

(2)学生应该怎样穿着?

(二)仪态

一个人的仪态反映其心理素质与教养。作为酒店服务员,这一方面的要求更高、更规范。可以简单地表述为"行如风、站如松、坐如钟"。

1.走姿

挺拔、轻快、协调稳健,不懒散,不晃动身体与扭动腰身;随指引而走,不超越、不停于关键处东张西望。

形象要求:走如风。

【即问即答】

评点你身边同学走路的样子。

2. 坐姿

端正,挺腰笔直,稍前顷,坐于椅子的外 1/3 处。错误的姿势:后靠后仰,跷二郎腿,晃腿,抱胸。

形象要求:坐如钟。

【课堂实训】

请一位学生上台示范坐椅子,老师和其他学生评点。

3. 站姿

良好的站姿是挺、直、高,如松般的挺拔、舒展、俊秀。男要挺拔刚毅,女要典雅庄重。

要求:竖看有直立感,以鼻子为中线的人体成直线;横看有开阔感,肢体与身段有舒展感;侧看有垂直感,从耳至脚骨大体成直线。

切忌东倒西歪,耸肩驼背,左摇右晃,两脚间距过大;站立交谈时身体不倚门、不靠墙、不靠柱。双手的手势不能太多;正式场合中,不能将手插入裤袋或交叉于胸前,更不能做小动作如摆衣角、咬手指甲,这都是不自信、拘谨、无经验的表现。

形象要求:立如松。

【课堂实训】

学生练习门房接待,点评模拟表现。

(三)表情

心情透过表情显现,神情表露了一个人的内心世界。

案例导引 2.9　　　　　　　　　　**微笑的魅力**

一位住店客人外出时,他的一位朋友来找他,要求在他的房间里等候。由于客人事先没有留话,总台服务员没有答应其要求。客人回来后十分不悦,跑到总台向服务员问责。公关部年轻的王小姐闻讯赶来,刚要开口解释,怒气正盛的客人就言辞激烈地指责起来。当时王小姐心里很清楚,在这种情况下,勉强作任何解释都是毫无意义的,反而会使客人的情绪更加激动。于是她默默的地看着他,让他尽情地发泄,脸上则始终保持一种友好的微笑。一直等到客人平静下来,王小姐才心平气和地告诉他饭店的有关规定,并表示歉意,同时解释这也是基于为客人利益的考虑。客人接受了王小姐的解释。后来这位客人离店前专门找到王小姐辞行,激动地说:"你的微笑征服了我,希望我下次来饭店时能再次见到你的微笑。"

王小姐从小就爱笑。她刚参加工作时有一次在饭店与客人交谈,谈到高兴时竟放声大笑起来。事后她受到领导的批评,她明白了,在服务中,笑必须根据不同的地点、场合掌握分寸,没有节制的乱笑会产生不良后果。

笑,一旦成为从事某种职业所必备的素养后,就意味着不但要付出具有实际意义的劳动,还需付出真实的情感。

微笑被认为是"讥笑"

有一次,一个西欧旅游团深夜到达某饭店,由于事先联系不周,客房已满,客房部经理说只有委屈他们睡大厅。全团人员顿时哗然,扬言要敲开每一个房间,吵醒所有宾客,看看是否真的无房。此时,客房部经理向他们"微笑"着耸耸肩,表示无可奈何,爱莫能助。这使宾客更为不满,认为经理的这种微笑是一种幸灾乐祸的"讥笑",是对他们的污辱,便拍着桌子大声喝道:"你再这样笑,我们就要揍你!"这位经理十分尴尬。后来在翻译人员的再三解释下,客人的愤怒才渐渐平息。

【问题与思考】

同样是微笑,为什么会有截然不同的效果?

正确的表情是:自信、真诚的微笑,放松、自然,与对方进行眼神交流。

错误的表情是:脸部僵硬、紧张,没有笑容或笑得勉强,不敢看客人。

【课堂实训】

(1)对着镜子练习微笑。

(2)模仿婴儿般的微笑(世界上最动人、最纯真的笑容),感受其心境。

(四)目光

"眼睛是心灵的窗户",眼睛可传达多种信息,可影响人的心理感受。感情、态度、情绪变化等心理活动会使瞳孔发生变化,因此,瞳孔是心理活动高度灵敏的显像屏幕,而且瞳孔变化很难以意志控制。

⊙ 瞳孔放大说明:有爱、喜欢、兴奋或惊恐情绪。

⊙ 瞳孔缩小则说明:有消极、戒备、愤怒情绪。

人们对眼光接触的心理:说话时有眼神交流则意味着信任与关注,但人们不喜欢被注视,像猫头鹰似地盯着对方会让其不安与误解。没有眼神交流则是表示不感兴趣或心虚胆怯。

眼光注视要把握三方面要求:

1.注视的时间:当一个人不诚实或企图撒谎时,目光接触时间往往不足全部沟通时间的1/3。要得到对方的喜欢和信赖,双方目光接触时间应该累计达到整个沟通时间的50%～70%。

2.注视的部位:一般可以分为3种。第一种叫公务注视,视线停留在对方额上的"上三角地区"(以双眼为底线,上顶角到前额),这是"正式区",适用于洽谈业务、贸易谈判等正式场合。第二种是社交注视,视线在两眼到人中的"下三角区",这是"社交区",适用于酒会、舞会、茶话会等各种友谊聚会。第三种是亲密注视,视线停留在两眼到胸部之间的区域,适用于亲人与情人之间。

3.注视的方式:直视对方意味着在意对方。但凝视是不礼貌的,令人不安的。

盯视在正常情况下是出于负面心理的行为,是不允许的。

(五)手势

无声的手势胜过有声的语言,这是一种有效的语言方式。手势运用影响着客户的心理感受,故须正确运用手势。常见手势及其所代表的意义列举如下:

- 命令性手势:掌心向下即表示压低对方,提高自己。
- 请求性手势:掌心向上即表示"请求"。
- 握手时的伸手:手掌向下表示对对方有控制权,向上表示服从对方,手掌直立表示平等相见。
- 握手时用左手接触对方胳膊,部位越高越表示亲近。
- 双手手掌相互摩擦:表示高兴。
- 耸肩摊手:表示无可奈何。
- 用手掩嘴:讲假话,类似的动作还有抓耳朵、搔脖子、拉领子等。
- 食指支撑头部的动作:表示正在思考与判断。
- 双手抱胸:怀疑、不安等情绪。
- 双手抓住手臂:表示正在自我克制一种不安紧张的情绪。

更多相关知识参见知识拓展与相关书籍,如《体态语言大全》(赛弥·莫尔肖著,同济大学出版社)等。

(六)避免小动作

与客户沟通时,下意识地作出摸领带、摸袋子里的钥匙串等小动作,都是不专注、不尊重或者是心虚、紧张的表现,会严重影响个人形象。

为了避免出现上述小动作,应该做到:清理口袋,把各种小东西都放入公文包中,使口袋干净无物。

能力训练

实训1:关于"酒店员工形象仪态"的头脑风暴

实训目标:训练与考核学生对服务员良好形象要求的理解。

实训内容:分组讨论,进行小结,写到黑板上,班级总结。

实训2:对群体客户的注视

实训目标:训练与考核学生面对群体客户时的肢体语言运用,尤其是姿势、表情、眼神。

实训内容:模拟服务员面对群体客户走来或离去,或者练习接待客户时的肢体语言运用,包括站姿、身体转动等。

实训步骤:学生模拟实训→点评→纠正性训练。

项目四　见面礼仪

自我测试 2.2　　　　　　　　**说话中的声音技巧**

(1)你的声音听起来是否清晰、稳重而充满自信?

(2)你的声音是否充满活力与热情?

(3)你说话时是否使语调保持适度变化?

(4)你的声音是否坦率而明确?

(5)你说话时能避免屈尊迁就吗?

(6)你发出的声音能让人听起来不感到单调乏味吗?

(7)你能让他人从你的言语中感受到一种轻松自在和愉快吗?

(8)当你情不自禁地讲话时,能否压低自己的嗓门?

(9)你说话时能否避免使用"哼"、"啊"等词?

(10)你是否十分注重正确地说出每一词语或姓名?

结果:_____。如果以上问题的答案基本是肯定的,恭喜你! 你是一个很快能吸引到听众的人;如果大多是否定的,那也没关系,多学习发音和语言技巧,你也可以成为沟通天才。

理论知识

从远观到近看,再到开始接触,此时可以综合运用口头沟通、肢体语言沟通,印证、修正或固化第一印象,由此形成亲和力。见面过程涉及招呼、握手、递接名片以及寒暄等影响亲和力培养的行为。

一、招　呼

招呼就是用言语问候、点头、打手势等方式致意。见面时打招呼是基本的礼貌,尤其在酒店服务工作中,对过来的客人先行招呼,能够让客人感受到尊重、感受到家一般的感觉,客人内心就自然产生愉悦与亲近感。合礼仪的招呼是见面礼中的重要环节,构成服务员的亲和力。

案例导引 2.10　　　　　　　**一到就招呼姓名**

当王先生来到前台时,门房对服务员说:"你能帮王先生登记一下吗?"服务员脱口而出:"很高兴再见到您,王先生,没过多长时间,对不对?"王先生对前台服务员不查电脑就知道他以前来过感到非常惊讶。更令他感动的是,当他递上身份证时,服务员充满热情地征询："王先生,这次住店有什么要求?还要上次那间靠湖的405房间吗?拖鞋换成布拖鞋?"这样的旅馆,您满意吗?愿意再住吗?

打招呼需要合乎礼仪,要注意身体语言、文字语言、声音语言的恰当组合运用。

(一)打招呼时应恰当地运用身体语言

当客人走近时,其接收到的信息首先是肢体动作所发出的信息,包括站姿、点头、眼神、表情、恰当距离等。一般情况下,比较尊重有礼的身体动作如下:

1.停步站立,身体微微前倾,或者点头、鞠躬。

2.眼睛注视客人,与客人眼神交流,眼神保持亲切、柔和。

3.微笑的表情。

4.一般在与客人相距1.5米的时候进行问候比较合适。

(二)打招呼时应恰当地运用文字语言

在用身体动作表达尊敬礼貌的同时,需要配以恰当的问候语,即以文字语言更清晰地表达自己内心的情感。在实践中,我们应根据不同情况运用不同的文字语言信息。

1.运用礼貌的问候语,要注意时空感,即针对不同客人、不同时间、不同地点有所区分,避免千篇一律,不然客人听起来会感到单调、乏味。

(1)一般性招呼问候语

◆ 你好!

◆ 很高兴又见到你!

或者换以更表达尊敬的"您",如"您好!"、"您好吗?"、"很高兴又见到您!"

(2)加入个性化内容的招呼问候

1)加入时间内涵的问候语

比如:"早上好! 你好!"、"下午好! 你好!"、"晚上好! 您好!"、"先生,中秋好!"

2)加入性别内涵的问候

比如:"先生,早上好!"、"小姐,晚上好!"、"王女士,很高兴又见到您!"

3)加入具体内容的问候

比如对熟识的客人:"好久不见了,李总。"

比如问候工作、学习、生活、身体等情况:"近来可好?"、"王总,您身体好吗?"等。

2.问候中带上客人的姓名

人们常常忘记别人的名字,可是又往往因为别人记不住自己的名字而感到不快。记住别人的名字是非常重要的事,记住别人的名字是从某种程度上表现了对他的重视和尊重,因而好感也就由此产生。汽车销售大王乔·吉拉德就能够准确无误地叫出每一位顾客的名字。

比如前台服务员说:"很高兴再见到您,王先生,没过多长时间,对不对?"

比如负责引导的侍应生说："李总好！请往这边走。"

(三)打招呼时应恰当运用声音语言

在与王经理打招呼"王经理,您好"时,附着于文字语言之上的语音语调非常重要。不同的语音语调传达完全不同的情感信息,体现截然不同的效果。

1.语速

语速过快,客人会觉得你不耐烦、不在意;语速过慢,客人会觉得你漫不经心。正确的方法是针对不同客人调整语速,并尽量与客人保持一致。

2.音量

声音过高或过响是情绪激动(兴奋或愤怒)的表现,这样打招呼会令客人产生不安而导致误会;过低的声音显得懒散没有激情,客人会感到缺乏热情与尊重。一般情况下,保持音量适中,以对方听清为准,同时可以适度升高以显示热情。

3.音调

话语像乐曲一样有音调起伏才能有表现力,打招呼时音调有起伏才能吸引客人,同时能表现服务员关注的态度。因此,服务员应善用音调起伏来表达对客户的关注程度,希望关注哪一点就在哪一点把音调提起来。同时,音调须以平稳为基础,不要歇斯底里、不要随意去加强。

二、握　手

握手是一种礼仪,是相互表示情谊、致意的一种礼节,双方往往是先打招呼,后握手致意。

人与人之间、团体之间、国家之间的交往都赋予这个动作丰富的内涵。一般说来,握手往往表示友好,是一种情感交流,可以沟通情感,可以加深双方的理解、信任,可以表示尊敬、祝贺、鼓励,但有时也会传达出淡漠、敷衍、逢迎、虚假、傲慢。在见面礼中,握手这一简单的动作,长期以来形成了一种约定俗成的礼仪规范,当然不同国家、不同民族有自己不同的要求,一般情况下握手遵循如下动作规范。

1.一定要用右手握手。如果是双方握手,应等双方右手握住后,再将左手搭在对方的右手上,这也是常用的握手礼节,以表示更加亲切,更加尊重对方。

2.握手力度适当,过紧地握手或是只用手指部分漫不经心地接触对方的手都是不礼貌的。如果男士同女士握手,一般只轻握女方的手指部分,不宜握得太紧太久。

3.握手时稍用力握一下即可放开,时间一般以1～3秒为宜;如果关系亲密、场合隆重,双方的手握住后应上下微摇几下,以体现出热情。

4.握手时双目应注视对方,微笑致意或问好,切不可东张西望,漫不经心。

5. 握手时,年轻者对年长者、职务低者对职务高者都应稍稍欠身相握。

6. 握手应注意伸手的次序:一般情况下,男士要等女士先伸手之后再握,如女士不伸手,或无握手之意,男士则点头鞠躬致意即可,而不可主动去握住女士的手;年轻者一般要等年长者先伸出手再握;下级要等上级先伸出手再趋前握手。另外,接待来访客人时,主人有向客人先伸手的义务,以示欢迎;送别客人时,主人也应主动握手表示欢迎再次光临。

7. 男士握手时应脱帽,握手前要先脱下手套,切忌戴手套握手,若实在来不及脱掉,应向对方说明原因并表示歉意。不过在隆重的晚会上,女士如果是穿着晚礼服并戴着长手套则可不必脱下。

8. 在任何情况下,拒绝对方主动要求握手的举动都是无礼的,但手上有水或不干净时,应谢绝握手,同时必须解释并致歉。

【课堂实训】

同学之间练习相互握手,并感觉、点评。

三、递接名片

递名片与接名片会传递很多信息,据此使客户对你产生喜好或嫌恶的情感。递名片与接名片是现代人的社会交往中不可或缺的环节,影响着人际沟通效果。

(一)递名片的一般步骤

身体正面面向客户、双手拿名片→名片朝向客户(使客户方便看)→双手递→说"你好×总(×经理),非常荣幸拜见你,我是××公司的×××,这是我的名片,请多……"。

(二)接名片要求

站立弯腰、身体正面对→双手接→看一会名片并说"啊,×总(经理、处长、先生),真是幸会……"→多看一会、发表一些久仰或崇敬之情的话→仔细地放入名片夹。让对方觉得你非常尊敬他。

(三)递接名片的原则

尊敬客户,方便客户。

(四)避免细节错误

1. 急着放入口袋,这是既不尊重、又没了解客户情况。

2. 随便放塞、折名片、把玩,这些都是怠慢客户、让客户感觉受到侮辱的行为。

【即问即答】

递名片与接名片有什么共同点?有什么不同?

【课堂实训】

同学之间相互练习,感觉并相互点评;推举同学上台来演示握手,点评之。

四、寒　暄

开始的三五句话,必须以热忱的语音语调、合乎客户心理的话题让对方产生好感,从而抓住对方、打动对方,尽快建立融洽与友好的气氛。"您好,先生!"是一句没有多少感情、充满公事公办色彩的客套话,对于有一定交往的常客而言,这句话就显得疏远。类似的招呼谁都会,久之不会有特别感觉。有没有让人特别有感觉的见面招呼呢?

当然有,这就是寒暄。寒暄就是问寒问暖,泛指宾主见面时所说的一些应酬话。寒暄能够在人际交往中打破僵局,缩短距离,拉近关系。尤其在与客户第一次见面之时,若能选用适当的寒暄语,往往会为双方进一步的交谈,做出良好的铺垫。

服务员应该把客人当作老朋友看待,先要注意称呼客人姓氏,比如"王先生",然后根据客人的职务、喜好、性格等特点,说一些关心客人、尊重客人而且客人也爱听的话,比如"王先生,今天那么满面春风,一定是遇到高兴事情了。"

那么在沟通中,寒暄要怎么开展?

(一)寒暄时的话题

1.真诚的赞美。每一个人都希望得到别人的肯定和承认,需要别人的诚意和赞美——"只凭一句赞美的话我就可以充实地活上两个月。"(美国作家马克·吐温)

例:"老奶奶,今天气色很好啊,这么精神,你这衣服很衬你啊!"

2.攀亲认故。以家庭(尤其是子女)成员或者发现双方有着这样那样的"亲""友"关系,并以他们为话题。

"听说令郎这次高考考得很棒啊,录了哪所大学?"

3.触景生情。触景生情式是指针对具体的交谈场景而发出问候,比如对方刚做完什么事,正在做什么事以及将来做什么,都可以作为寒暄的话题。

4.表达敬慕之情。

这是对初次见面者尊重、仰慕、热情有礼的表现。

5.以新闻、事件、气候等开言。

比如"最近油价上涨,对你们影响还好吧?"

6.从口音等攀老乡、诉乡情。

例如:"伍总啊,听你口音,是天津卫的吧?"然后继续说:"我也是啊。"

7.以办公室装饰的物品作为话题。比如办公桌上的照片中人物、墙壁上挂的书画、柜子上放的装饰品(如战斗机模型、唐卡)。

8.言他式。

(1)谈论天气是日常生活中常见的寒暄方式。特别是初次见面,一时难以找到话题,可以通过谈论天气来打破尴尬的场面。

(2)礼貌的问候。礼貌的问候语如"您好"、"早上好"之类。寒暄语可长可短,因需而异,最好有实质性内容。注意删繁就简,不要过于程式化。

(二)寒暄的一般要求

1.积极自我沟通,调整情绪,迅速进入角色。

2.语音语调要热情、动情。

3.先以闲聊来"暖心",融洽气氛,拉近关系。

若是有目的的拜访,在沟通实践中,一个有经验的服务人员不会一见到客户就直奔主题,而是先通过寒暄缓和心理、找到共同话题、再铺垫询问与引导,最后提出拜访目的与简述利益,这就是开场白。开场白一般包含五个步骤:寒暄→铺垫转折→提出拜访目的→简述益处→征询意见。具体内容参见本模块的拓展知识中的开场白。

【课堂实训】

实训要求:由衷地、热情地、真诚地招呼他(她),以对方的兴趣、嗜好等为话题,赞美对方、学会感谢。

实训1:在前厅与刚来的客人开展寒暄。

实训2:与原来认识的客人在大厅见面并寒暄。

实训3:拜访客户,客户办公室中摆放了一个歼10战斗机模型,见面后开展寒暄。

能力训练

实训1:迎接客人

情景:你在前台,此时一位中年女士走向前台。

实训目标:考核与训练学生的亲和力,考核见面礼仪的掌握水平。

实训内容:招呼、握手、寒暄等的适当运用。

实训步骤:实训→点评。

实训2:握手

情景:与一位老朋友见面,模拟见面时的热情招呼。

实训目标:考核与训练学生的见面礼仪,尤其是握手、寒暄。

实训步骤:实训→点评。

实训 3:递接名片

情景:你是邵氏公司经理助理邵大卫,要拜访邵氏影业公司策划总监邵小伟;之前通过电话,约好了时间;两家公司有一定渊源,经理层干部相互有联系,当然邵助理是晚辈,没有见过邵总,但听经理说起过邵总,并相当地欣赏。一位扮演邵大卫,另一位同学扮演邵总,模拟整个拜访过程,尤其关注见面招呼、名片递接这一环节。

实训目标:考核与训练学生的亲和力,考核其见面礼仪、交换名片动作等的掌握程度。

实训步骤:实训→点评→纠正性实训。

实训 4:与客人稍作寒暄

情景:一位银发飘飘的长者走向大堂经理,你是值班经理,试进行接待。

实训目标:考核与训练学生对招呼、寒暄的掌握水平。

实训步骤:实训→点评→纠正性实训。

项目五 同步沟通

理论知识

案例导引 2.11　　　　　　　　　**车上巧遇老乡**

在车上,甲的同座是一位男青年,拿着一份《体育周刊》,正在翻阅篮球版的火箭队战况,于是甲凑过去并询问:"火箭队? 最近战绩如何啊?""很可惜,2 分输给了掘金,都是因为内线无力啊! 要是姚明在就不会这样了。"男青年以很金华味的普通话答道。"是啊! 你是火箭迷?""是啊,姚明在嘛。姚明什么时候能够复出?""季后赛没问题。我也是地道的火箭迷!""听你口音是金华人?""是啊。""啊,那是老乡啊! 金华哪里?""汤溪的。"甲换用汤溪话说:"正宗老乡! 真是难得!"于是握手。"高中哪里毕业的?""汤中。""啊,校友! 我也是汤中毕业的,应该比你早。真是幸会!""啊,老乡贵姓?""免贵姓邵。""姓邵? 真巧啊! 我也是。""那你是汤溪哪里?""山坑井上。""莫非你们家族是早年从节义邵分出去的?""听老人说好像是。你怎么那么了解?""肯定是! 我是节义邵人啊! 真正的同村亲戚! 回去好好排排辈分与关系,在我家还有一本家谱,能够查出我们的亲缘关系。今天真是凑巧,真是高兴。"

人们喜欢与自己性格、爱好、经历相同或相近的人交往,浅层次说是拥有了安全感,深层次说是为了获得认同。因为相同或相似,人们便有了亲近感,容易建立起亲和关系。

一、同步沟通的概念与意义

"物以类聚,人以群分",所以"酒逢知己千杯少,话不投机半句多"。

当人们之间的相似之处越多,比如有共同的话题、对事物有相同的看法和观点,或是有相似的环境与背景,相似的行为习惯,彼此就越能接纳与欣赏对方,这是因为进入了对方的世界。人们因为相似或相同而相互认同,引为知己,于是心灵距离拉近,因而莫名地产生一种信赖感与好感,这是因为双方具有共同点。

沟通也是如此,彼此之间的共同点越多就越容易沟通。在沟通实践中,通过寻找双方的共同点来进入对方的世界以达成双方的契合,包括在情绪、声音、语言、习惯、价值观、认识以及爱好等方面与对方保持相同或相似,从而容易与对方建立亲和关系,这就是同步沟通。

二、同步沟通的方法

因为"亲和力＝共同点",所以在实践中须寻找与创造共同点来构建亲和力。包括:①增加与他人的熟悉度;②扩大彼此在理念、价值观、兴趣,性格、教育背景等方面的相似性。在沟通实践中,同步沟通包括简单同步、情绪同步、语音语调同步、语言同步、价值观同步、共识同步等。

(一)简单同步

以喜欢对方的心境和肢体语言来表达,用所找到的共同点来寒暄"套磁",从而达成八同——同好、同乡、同(土)话、同校(母校)、同宗(姓)、同亲(戚)、同爱、同龄,这就是所谓的缘故法。典型情景见案例2.11"车上巧遇老乡"。

【课堂实训】

运用简单同步方法,找陌生人搭话,直到聊熟。

当然,案例2.11"车上巧遇老乡"是纯粹的特例,难得如此巧合,不过搭话攀老乡、攀球友、攀同好的方式是完全可以采用的,而且效果很好。

(二)情绪同步

进入对方的内心世界,从对方的感受与角度来认知同一件事情,让对方觉得被关心、被理解,于是感慨"知我者××也"。这种方法也即前述的"神入"(移情)。

案例导引 2.12　　　　　　　商人与鹦鹉

有一位商人养了一只鹦鹉。一天,这只鹦鹉打翻了一只油瓶,商人非常生气,就打了鹦鹉的后脑勺一下。从此以后,这只从前聪明巧嘴的鹦鹉再也不说话了。它头上的羽毛也开始脱落,最后竟成了一个秃头。

一天,鹦鹉正站在商人账房的书架上,一位秃头的顾客走进了商店。鹦鹉见到这个顾客后,马上兴奋起来。它使劲扑打着翅膀,大声叫着。最后,令人惊奇的是,它突然又说出话来了:"大秃瓢。你怎么也成了大秃瓢?"

鹦鹉对秃头顾客是"心有戚戚焉",有共同心理感受、不免拉近距离,由此培养相互的亲和力,于是主动开口招呼。

再例如《围城》中的方鸿渐、赵辛楣,由于苏文纨结婚,这两个曾与苏文纨有过感情纠葛的情敌,有"同是天涯沦落人"的"心有戚戚焉"之感,成了"落难战友",于是成就了一段友情。

在沟通实践中采用情绪同步五步法,可以在劝慰别人的时候取得良好效果。情绪同步五步法是:同表情→倾听→同心境→同义愤→客观分析与引导。

1.同表情:笑脸对笑脸,激情对激情,苦脸对苦脸。

2.倾听:用心聆听,关注对方并以肢体语言反馈。

3.同心境:设身处地,换位思考,感同身受,用"我也……,我很能够理解你现在的感受,那真是……"来与他说话。

4.同义愤:站在他的角度,与他一同感慨、一同悲痛、一同愤慨。

5.客观分析与引导:哭过、骂过,待心情平静些后,就正面引导他,通过分析现状、积极解释、正面引导美好未来的方式让他从负面情绪中跳出来,进入积极情绪。

比如:"我也……,其实你……"(将思路引导到好的一面)

【课堂实训】

劝慰遭受客户责骂的服务员。

案例导引 2.13 **患者与强盗成了朋友**

一天晚上,一个人正躺在床上。突然一个蒙面大汉跳进阳台,几步就来到床边,他手中拿着一把手枪,对床上的人厉声说道:"举起手！把你的钱都拿出来!"躺在床上的人哭丧着脸说:"我患了十分严重的风湿病,尤其是手臂疼痛难忍,哪里举得起来啊!"那强盗听了一愣,口气马上变了:"哎！老哥！我也有风湿病。可是比你轻多了。你得这种病多长时间了？都吃什么药呢?"躺在床上的人从水杨酸钠到各类激素药都说了一遍。强盗说:"水杨酸钠不是好药,吃了它不见好也不见坏。"两人热烈地谈了起来,对一些药物的看法颇为一致。两人越谈越热乎,强盗早已在不自觉中坐在床上,并扶患者坐了起来。

强盗突然发现自己还拿着手枪,面对手无缚鸡之力的患者十分尴尬,赶紧偷偷地放进衣袋之中。为了表达自己的歉意,强盗问道:"有什么需要帮忙吗?"患者说:"咱们有缘分,我那边的酒柜里有酒和酒杯,你拿来,庆祝一下咱俩的相识。"强盗说:"干脆咱俩到外边酒馆喝个痛快,怎样?"患者苦着脸说:"可是我手臂太疼了,穿不上外衣。"强盗说:"我能帮忙。"强盗替他穿戴整齐,扶着他向酒馆走去。刚出门,患者忽然大叫:"噢,我还没带钱呢!"强盗说:"我请客。"

【即问即答】

患者与强盗为什么成了朋友?

(三)语音语调同步

人类有视觉、听觉、味觉、嗅觉、触觉、直觉等信息知觉方式,其中最重要的是视觉、听觉、感觉。不同的人,对外界信息的知觉方式各有偏差,各自的敏感度不同,据此可以将人分为三种类型,即视觉型、听觉型、感觉型,他们各有特点,需要以个性化方式与之沟通。

1.三种信息知觉类型

(1)视觉型:通过眼睛以画面的方式来处理外界信息,处理的信息量大,要求急速表达,所以语不停顿,而且来不及时就用手势来辅助表达,表现为语速快如"扫机关枪"、声音高八度、手舞足蹈,正如一个"急先锋"。这类人的眼睛很敏感,即喜欢看"好看的"事物,敏感于"视觉刺激"。

(2)听觉型:通过耳朵以声音的信息方式来处理外界信息,要处理的信息量不大,所以表达的速度适中,有抑扬顿挫与高低起伏,注重措辞造句,如"播音员"。他的耳朵很敏感,喜欢听"好听的"的声音话语。

(3)感觉型:凡事通过大脑思考、琢磨,所以反应速度很慢,要"想一想、停一停、唉、咧……"说话慢半拍,正如一位"慢郎中"。他不信看到的、听到的,只相信自己分析后感觉到的或实践后感觉到的,他"好思"即好思考、好琢磨,凡事慢半拍,他还"好触",敏感于身体接触的那种感觉。

2.三种类型相处的矛盾

这三类人在一起交往则容易产生沟通的不同步,随之而产生矛盾。比如:

(1)视觉型与感觉型:如"急先锋"遇到了"慢郎中",不合拍显而易见。"慢郎中"觉得与"急先锋"在一起太有压力,有极大的压迫感,觉得这个"急先锋"说话咄咄逼人而且不牢靠;同时"急先锋"又觉得"慢郎中"磨磨唧唧,一句话要五分钟才讲完,要急死人。

比如:视觉型的酒店营销员到一位感觉型的老总的办公室商议有关酒店承办会务的情况,在"机关枪"般地说完后,感觉型老总慢吞吞地说:"你讲得很认真。可我一句也没听懂。"

(2)听觉型与感觉型:"爱听好听的"听觉型遇到了"好思"与"好触"的感觉型,也不会合拍。

比如:听觉型的新娘与感觉型的新郎,蜜月后第一个周末,双方都很有爱意,新娘在家准备了温馨浪漫的音乐晚餐,新郎拿了玫瑰进门一句话不说就要拥抱亲热,可新娘因等了半天也听不到甜言蜜语而恼怒了:你是不是不爱我了,要不怎么不说

"_____"。新郎感到很委屈。

【即问即答】

(1)新娘希望新郎说什么? 新郎希望新娘做什么?

(2)视觉型与听觉型在一起会有什么矛盾? 为什么?

3.客户工作中的有效沟通方式

(1)先顺应客户,以他偏好的信息处理方式来与他沟通,然后引导他,类似"太极"的方式。比如,他说话很快,我们也快节奏地说话,几分钟后,等双方融洽起来,我们再引导他放慢说话节奏。

(2)提高沟通的弹性。弹性就是要有变通、不拘泥,在沟通中要善于调整自己的说话方式与行为方式,善于采用对方所运用的沟通方式与对方沟通。在客户沟通中,弹性把握得越好,越能与人有效沟通。

【课堂实训】

实训1:在前厅,客人说话语速很快很有激情。模拟服务员接待他。

实训2:一位视觉型的酒店公关员到一位感觉型的老总办公室商谈会务。模拟销售员表述。

(四)语言同步

相对而言,用语粗俗爽直的工人与用语文雅的教授有距离感,因为双方都觉得习惯用语不同,不是同一类人。当对方感觉到你的语言方式与他相同或相似,就会觉得没有心理隔阂,就会把你引为同类、当作自己人,就会对你敞开心扉,这样一来,事情就好办了。

1.习惯用语类型

不同人有不同的习惯用语,习惯用语包括口头禅与表象语言。

(1)口头禅:如"哇噻"、"那个那个……"。

(2)表象语言:"……看起来……""……听起来……""……感觉……"。

2.原理

用对方的习惯用语与表象语言,容易被他接受,从而有效沟通。

比如:在乡村开展"农村调查与建设工作"的时候,大学教授如果也能够挽起袖子,大大咧咧地随群众用一些当地的乡土语言,则较容易融入当地群众,与群众交朋友,与群众打成一片。

3.沟通实践中方法

用他的习惯用语(口头禅)与表象语言来与他沟通。

【即问即答】

《红楼梦》中的林黛玉与焦大容易沟通吗? 林黛玉要想改善人缘,须怎么做?

（五）价值观同步

生活中，人人都不愿意被人反驳，不愿意被人否定。比如："你最近表现不错，只是……"、"啊，很漂亮嘛，但是（或只不过）……"，你听后是什么心理？会不会产生这种反感和危机感，开始自卫，心里想："真虚伪，有话直说，何必扭扭捏捏！"

1.概念

人人都希望被人肯定、被人赞赏。价值观相同则是深层次的理解，惺惺相惜，感觉安全与相互依赖，产生心灵上的相互亲近；反之则心理上产生反感、产生危机感、开始自我防卫。所以，在沟通实践中想达成亲和关系，必须采取认同价值观的方法，这就是价值观同步。

2.沟通实践中的方法——运用合一架构

与他人价值观同步，并不意味着曲意逢迎。那要采取怎么样的方式使自己的价值观、信念与对方同步，同时又可以表达自己的观点呢？在沟通实践中，有效的方法是合一架构。

合一架构是指在沟通中尽量不要用"可是"、"但是"来直接否定对方，而是要用"同时"来导出自己的观点，把前一句肯定的话与后一句不同观点的话有效地连接起来，不使对方感觉到被否定。因为"同时……"基本上是一种潜意识的沟通方式，这能让对方不自觉中接受不同的观点建议。

除了"同时"，还可以说"我了解""我感激""我很尊重"等词语。如前例可调整为："你今天的服饰搭配真是吸引人，同时我觉得如果……可能会更……"

如果有人与自己意见不合，可以说："我理解你的看法，同时我对这件事的看法是……"，相对比另一种说法："张先生，我很了解你的看法，但是……"，两者给对方的印象是否有较大差别？

简单总结合一架构，在沟通实践中，我们应该采用如下方式表达：

（1）"我很理解……同时……"；

（2）"我很同意……同时……"；

（3）"我很理解……因为……同时（我觉得）假如……"。

总之，碰到任何人有任何反对意见，都可以先说"我很了解……"、"我理解……"、"我感激……"、"谢谢你提供了这样一个意见"，然后接着说"同时……"。

【即问即答】

（1）如何赞美别人？

（2）如何有效地提出善意的建议？

【课堂实训】

实训1："今天的菜不错，只是太咸了！"试换一种说法让做菜的人听着舒服。

实训2："A小姐，你今天好漂亮啊，就是脸上粉涂得太厚了。"如何改善说法让A

小姐听着开心。

实训3:举一个酒店服务中客人有异议的案例情景,试用合一架构的方式化解异议。

能力训练

实训1:劝慰"失恋的同学"

实训目标:掌握同步沟通中的情绪同步。

实训内容:你同学失恋了,整天无精打采、失魂落魄,你劝慰他。

实训步骤:实训→点评→纠正性实训。

实训2:"餐饮点菜中有效运用同步沟通"

情景:点菜的客人是一位说话慢悠悠的先生,你作为服务员接待他点菜。

实训目标:对同步沟通中的语音语调同步的掌握。

实训步骤:实训→点评→纠正性实训。

实训3:奉玉帝旨意,太白金星到花果山说服孙悟空担任"弼马温"

情景:孙悟空是视觉型、力量型,比较自负、爱激动,爱拧着干事;太白金星是一位感觉型的儒雅长者。

实训目标:训练与考核同步,提升沟通水平。

实训步骤:实训→点评→纠正性实训。

实训4:与一个带有口头禅("我觉得……")的客户进行沟通

实训目标:如何与客户同步沟通,构建亲和力?

实训步骤:实训→点评→纠正性实训。

实训5:设计电话销售的脚本——销售《酒店沟通技巧》培训课程

实训目标:提升寒暄、价值观同步等沟通技巧的掌握水平。

实训步骤:实训→点评→纠正性实训。

思考与练习

一、应知知识练习

1.列举2种以上你生活中常用的自我沟通方法。

2.对于以下几种角色,有哪些不同的形象礼仪要求?

(1)上课时的学生;

(2)应聘工作时的学生;

(3)上课时的老师;

(4)酒店服务员。

3.寒暄的内容一般包括哪些?

4.如何给人留下良好的第一印象?

5.怎么理解"同步"?

6.在你心中,有亲和力的员工是怎样的? 如何培养自己的亲和力?

二、应会能力实训

1.自我沟通实训

(1)"找出自己的5大优点"。

(2)"写出做酒店服务员、文员、仓储管理员的5大优点"。

(3)"被领导批评"时,积极沟通自己。

2.亲和力建设实训

情景:"客户(雷士公司的王经理)来访,到了办公室要拜访王总,此时王总在开会,文员小王在办公室。"

同学甲扮演小王、同学乙扮演王经理,同学甲如何表现亲和力?

3.综合沟通实训:开展训练亲和力的实践,然后在作业本上写出具体的言行过程、启发感悟。

实践1:沟通陌生异性(沟通中不得以"完成老师作业"为由),让其帮你折千纸鹤→在千纸鹤上签写其姓名与电话号码→把千纸鹤钉在作业本上。

实践2:邀请陌生人来听《酒店沟通技巧》课程。

实践3:销售《酒店沟通技巧》培训课程给企业。

知识拓展

一、情绪管理

情绪管理就是善于控制自我,善于调节情绪,对生活中的矛盾和事件引起的反应能适可而止地排解,能以乐观的态度、幽默的情趣及时地缓解紧张的心理状态。一般来说,调节情绪的方法有:

1.参与一些陶冶性情的艺术类活动。

2.参加体育运动锻炼,比如健身、打球、舞蹈,也可以深层放松、做按摩。想象着坏情绪像球一样被打出去,或者随着汗水挥洒出去,会有一种痛快的感觉。

3.身边一定要有两三个知心朋友,随时分享自己的喜悦与烦恼。

4.通过写日记来理清思绪。一个必然规律是,写在纸上的越多,积压在心里的越少。

5.给自己创造愉快的生活环境,比如放音乐、熏香,或者将自己置身于令人心旷神怡的自然环境中。

6.要了解自己的情绪变化,事先打"情绪预防针"。

7.培养坚毅的性格,以更加耐得住挫折和艰辛。

8.寻求社会支持——爱给人力量。

四个情绪管理小妙方:

(1)改变事情定义。有一句话说得好:"我们没有办法阻止事情发生,但我们可以决定这件事带给我们的意义。"

(2)改变人物画面。修改脑中画面,创造活力。

(3)改变对己问话方式。"积极的问话,造就积极的人生"。问话方式决定人生品质,所以无论发生任何事,问自己两个问题:这件事带给我什么样的经验及教训?我该如何做才能将这件事处理得更好?

(4)改变学习对象。要想改变命运,必须要改变现状,和乐观者学习。要想快乐,请和快乐者为伍。

二、第一印象与首因效应

第一次交往中给人留下的印象,会在人的头脑中形成并占据主导地位,这种效应即为首因效应。首因,是指首次认知客体而在脑中留下的"第一印象"。首因效应是指个体在社会认知过程中,通过"第一印象"最先输入信息对客体以后的认知产生的影响作用。

心理学家认为,第一印象主要来自性别、年龄、衣着、姿势、表情等"外部特征"。但以貌取人难免会出错。

《三国演义》中的庞统当初准备效力东吴,于是去面见孙权。孙权见到庞统相貌丑陋,心中先有几分不喜,又见他傲慢不羁,更觉不快。最后,这位广招人才的孙仲谋竟把与诸葛亮比肩的奇才庞统拒于门外。可见第一印象的巨大影响作用。

三、身体语言

身体语言是心灵的外化信息,直接反应了人的内心世界,所以肢体动作所揭示的信息是沟通中所表述信息的主体部分。

(一)积极的身体语言

1.身体的接触,可传递亲和力。

2.人与人的空间距离尽可能缩短,以增进情感。

3.倾听时身体前倾,目光全神贯注。

4.入门时目光平视、挺胸、抬头。

5.交谈时要点头。

6.开会时坐在领导的左边而不是右边。

(二)可以利用的身体语言

1.倾听时把手放在脸颊,表示在思考与分析。

2.手放在下巴,表示在考虑。

3.双手指互对并指向上方,表示展示自信。

4.双手掌互贴,表示说服你、请求你。

5.眼睛迅速上挑,表示对你所讲的很感兴趣。

6.双手互搓,表示积极参与。

(三)消极的身体语言

1.抓耳挠腮、摸眼、捂嘴,表示说谎。

2.双臂交叉在胸前,表示抵触、抗议、不屑一顾、防范。

3.腿脚不停地抖动,表示内心紧张、不安。

4.不必要的身体移动,表示紧张、焦虑。

5.重复交叉双腿,表示不喜欢当前讨论的问题或建议、不太满意对方刚才的回答。

(四)不诚实的身体语言

1.在椅子上坐立不安——担心被人揭穿。

2.总是舔嘴唇或擦嘴巴——掩饰说谎。

3.被强迫回答问题时不自主地扭转着手。

4.紧张态度(手指敲东西、咬指甲、整理领带、把玩珠宝等)显示内心的不安。

5.反常地触摸自己、突然产生毫无意义的肢体动作(如突如其来的手势,交叉、放下、摇晃腿)。

6.眼神交流时突然向天花板、地板看去——假装自己能看穿对方的心思。

7.声音的改变(如音调提高、回答很短又急促、加快说话速度)——假装强调重点。

8.一直重复着没必要的话。

9.回答问题前想很久似乎是在假造答案,而回答的答案都很短,听起来像是敷衍。

类似知识还有很多,可参见相关书籍与网站。

四、开场白

开场白,就是在拜访的目的开始交代之前所进行的融和关系、缓和气氛以及引入正题的沟通过程。

"话不投机半句多",形象礼仪好,还要开场白说得好!

开场白目的:①融洽关系、构建亲和力;②了解客户相关信息,如喜好、关注点;③巧妙传达信息,并获得客户认同以达成初步共识。

在沟通实践中,一个有经验的服务人员不会一见到客户就直奔主题,而需要缓和心理、找到共同话题、再铺垫询问与引导。

销售沟通中广泛应用的开场白原则与开场白五部曲如下:

(一)原则

开始的三五句话,必须以热忱的语音语调、合乎客户心理的话题让对方产生好感、让对方高兴,从而抓住对方,尽快营造融洽与友好的气氛。

(二)开场白五部曲

概括为五个步骤:寒暄→铺垫转折→提出拜访目的→简述益处→征询意见。

(三)注意点

1.不能直接进入正题。

2.要有闲聊,但不能太长。

3.开场白中少提产品好处。

4.时间安排合适(不扰他人做事、时间不长)。

模块三　知人力

活动与案例

情景活动 3.1　　　　　　　　**知人力测试**

1. 面对不同的人,你能否恰当地采取不同的沟通方法?

A. 经常　　　　　　　　　B. 有时　　　　　　　　　C. 很少

2. 你认为客户需求的本质是什么?

A. 内心的购买动机　　　　B. 占有欲望　　　　　　　C. 期望和现状之间的差距

3. 你认为提高客户购买欲望的最好方法是什么?

A. 在价格上适当地做出让步　　B. 给客户以某种实惠　　C. 提高客户需求的层次

4. 在与客户面谈时,你经常会通过发问来充分了解他的需求吗?

A. 经常　　　　　　　　　B. 有时　　　　　　　　　C. 很少

5. 你向客户进行询问时,经常能得到他什么样的回答呢?

A. "是"或"不是"　　　　　B. 两者兼有　　　　　　　C. 具体的内容

6. 结束面谈时,你是否经常得到对方模糊的回答?

A. 经常　　　　　　　　　B. 有时　　　　　　　　　C. 很少

7. 你是否抱有较强的共识意识,善于找到与客户的共识点?

A. 经常　　　　　　　　　B. 有时　　　　　　　　　C. 很少

8. 你在与客户面谈的过程中能经常有效地控制谈话的局面吗?

A 经常　　　　　　　　　B. 有时　　　　　　　　　C. 很少

9. 在与客户面谈前,你是否已经很明确这次面谈的重点?

A. 经常　　　　　　　　　B. 有时　　　　　　　　　C. 很少

10. 在商谈中,你是否经常听得多、问得多而说得少?

A. 经常　　　　　　　　　B. 有时　　　　　　　　　C. 很少

评分标准:

1、4、7、8、9、10 题:A. 3 分,B. 2 分,C. 1 分;2、3、5、6 题:A. 1 分,B. 2 分,C. 3 分。

你的得分是＿＿＿＿＿。

如果你的总分超过了 26 分,说明你比较善于通过了解客户需求来促进沟通;

如果你的总分低于 20 分,说明你需要加强了解客户需求技能的训练。

案例导引 3.1   **非典型案例**

一天,一位醉酒的客人到前台投诉,说前台员工不让他的朋友进他房间。其实是白天客人不在酒店时,有个人声称是该客人的朋友,需要进他的房间,因客人外出前没有交代且客人联系不上,前台自然不能告知房号并让其进入。该客人遂向前台主管投诉,该主管听后拍着胸膛放言:"是我们员工不好,以后只要是您的客人,只要说是您的朋友我们都送到房间!"(注:若非醉酒客人,我们可千万不可如此答复客人,此案实属非典型案例,只是说明针对不同类型的客人在沟通中关注点是客人当时的心理,并尽量采取符合当时心理需求的方式来解决问题)

【即问即答】

(1)该醉酒客人当时的心理状态与思维能力是怎样的?当时应当如何与他沟通?

(2)该案例说明了一个什么道理?对你有什么启发?

营销界有一个笑话:"世界上最蹩脚的销售人员无非是以下几类:向爱斯基摩人推销冰箱,向乞丐推销防盗报警器,向和尚推销生发油。"该笑话说明了客户沟通必须首先了解客户的内在需求与性格心理特点。

根据客户需求、性格心理特点开展不同形式的沟通说服,才会有良好效果。作为高度市场化的服务性企业,客户对酒店服务有高要求,需要细致入微、周全、个性化的服务,而服务需要通过人与人的沟通来实现,这就要求我们充分了解客户的需求、性格、心理。

> **□ 学习目标**
>
> 【知识目标】
>
> 　1.了解客户人格模式的内涵。
>
> 　2.掌握察知人心的若干方法。
>
> 【能力目标】
>
> 　1.能够初步判断客户人格模式的类型。
>
> 　2.基本能正确调研、观察、询问、聆听。

项目一 　知人力概述

"知己知彼,方能百战百胜"。只有了解客户的需求与性格心理,才能有效地沟通表述、有效地提供服务。

理论知识

一、知人力的意义

客户既要通过酒店产品服务来满足吃、住、行等物质需求,也希望在这一过程中享受尊重与愉悦的精神性满足,这样才能满意。只有察知客户的心理需求,提供的服务(产品)才能有效地给客户带来利益,让客户感受到利益的价值——需求满足,从而打动客户的心,促成客户"购买"(决定住宿或餐饮)。同时,想方设法去察知客户需求的这一行为,会让客户感受到"被关心、被尊重",会让客户心动。另外,如能够了解不同客户的人格模式,我们就可以采用适合客户的沟通方式,这样就会给客户留下好的印象、让客户觉得愉快,也就容易达成协议。

案例导引 3.2　　　　　　　　　**农夫太太牵牛**

有位农夫想把小牛赶进牛栏里,可是小牛不动。农夫的太太正好回来,她不慌不忙地把自己的食指放入小牛嘴里让他吸吮,很快就把小牛牵进牛栏里了。因为农夫的太太知道小牛现在需要什么。

二、知人力的内容

知人力就是察知客户心理需求的能力,包括了解客户具体需求、客户性格心理模式的能力,这种能力的高低决定着表述内容的正确性、沟通方式的恰当性,从而决定了沟通的有效性。在沟通中首先要了解客户,特别是要了解客户的需求与人格模式。

(一)客户需求

客户来酒店,希望满足食宿等具体的物质需求,还希望受到尊重并感受贵宾级的服务。客户既希望通过服务解决物质需求,又希望接受服务的过程是"有利"的、能从中感受到尊重并充满愉悦。

关于人类的心理需求有多种表述,典型的如马斯洛的五层次需求理论,该理论认为,人的需求包括生存的需求、安全的需求、社交的需求、尊重与爱的需求、价值实现的需求。在人类文明日益发展的今天,尊重与爱成为人类交往中的基本需求:希望别人了解他,听他倾诉,渴望得到感激与宽恕,需要别人关注与重视,受到尊重。

客户来到酒店的需求包括:住宿、餐饮、康乐休闲、商务等。同时可能还有更加细致、具体、个性化的需求,比如住宿就可能是"500 元以内,可以看到湖景,安静,有一张特大床,可以洗泡泡浴。"每个人的需求不尽相同,每个客户来酒店的需求也不相同,通过有效沟通才能了解到具体的需求。

(二)人格模式

每个人的性格、价值观都不同,这决定了每个人都有自己的行为偏好、决策偏好,表现为不同的性格类型与价值观决策模式。

1.性格类型主要包括和平型、活泼型、完美型、力量型等。

2.价值观决策模式主要包括求同型与求异型、自我型与引导型、追求型与逃避型、过去型与未来型、成本型与品质型、随机型与依序型、一般型与细节型、自我型与顾他型等。

三、知人的方法

知人力包括察知人格模式的能力、了解客户具体需求的能力,知人包括了解客户的心理需求与人格模式。

1.了解客户需求的方法包括:调研、观察、询问、聆听等。

2.了解客户人格模式的方法包括:调研、观察、通过与客户沟通来判断。

能力训练

实训:一位老华侨来投宿"望湖饭店",服务员如何了解老华侨的心理需求?

实训目标:考核学生通过沟通了解客人心理需求与人格模式的知人力素养。

实训内容:由 2 位学生扮演服务员与客人,服务员与客人进行沟通。

实训步骤:观察、询问、聆听→同学点评→纠正性实训。

项目二　人格模式

沟通中的问题,很多是人格模式的不和谐导致的。与酒店客户进行沟通,也需要针对客户的性格特点,有意识地加入个性化的因素。这就需要对人格模式有一定了解,掌握一些判断人格模式与适当应对的方法。

理论知识

一、人格模式的类型与特点

不同客户有不同的人格模式,即有不同的性格、不同的价值观、不同的决策模式。同一说话内容与说话方式,不同客户的感受与反应是不相同的,有的高兴,有的则会反感。沟通中的问题,很多是人格模式的不和谐所导致的。所以需要了解人格模式的类型、特点。

客户的人格模式可以分为性格类型与价值决策模式。性格类型主要包括和平型、活泼型、完美型、力量型;价值决策模式主要包括求同型与求异型、自我型与引导型、追求型与逃避型、过去型与未来型、成本型与品质型、随机型与依序型、一般型与细节型、自我型与顾他型等。

(一)性格类型

性格指数中有两个维度,其一是关注人际关系与关注工作,其二是内向与外向,它们结合形成四个象限区域,即关注人际关系兼内向型、关注人际关系兼外向型、关注工作兼内向型、关注工作兼外向型,见图 3-2 性格模型图。它们构成了四种性格类型,即和平型、活泼型、完美型、力量型。

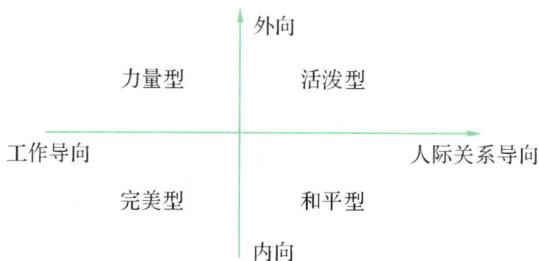

图 3-1　性格模型图

1.和平型:人际关系导向兼内向型,属于"好好先生"。他们希望与人和睦相处,在意别人的感受,喜欢安静,做事慢吞吞、容易举棋不定,常会感受压力。

2.活泼型:人际关系导向兼外向型,属于"交际人员"。他们关心别人,非常喜欢与人交往,希望获得别人认同,自我感觉好,喜欢表现、说话滔滔不绝,感染力强,兴趣点多,没有耐心,也不持久。

3.完美型:工作导向兼内向型,属于"分析人员"。他们关注工作的开展与业绩的好坏,努力把工作做好,强调逻辑性、精确,注重细节,决策速度慢。

4.力量型:工作导向兼外向型,属于"指挥人员"。他们关心目标的达成,讲究重点,喜欢主导与控制,直截了当、缺乏耐心。

还有两类极端者:

◆自我实践型:非常了解自己的需求,经验丰富,决定直爽,立即行动。

◆冷漠型:凡事否定、挑剔,喜欢打击人、拒绝人。

【课堂实训】

(1)唐僧、孙悟空、猪八戒、沙和尚各属于什么性格类型?

(2)按照上述特点,观察你及班级同学,分析各属于什么性格类型?

(二)价值决策模式

1.完全求同型、完全求异型、同中求异型、异中求同型

某些人在处事的观点上,着重于寻求事物的相同点,而另外一种人就寻找事情的差异性,这就是求同型与求异型特质。求同型的人先看事情的相同点,而求异型的人则先寻找事情的不同处。求同型分为完全求同型、同中求异型,求异型分为完全求异型、异中求同型。

(1)完全求同型:看到事物的相同点。比如会经常评价道:"形状相同啊"、"颜色一样啊";或者经常说:"是啊"、"对啊"。

(2)同中求异型:先看到事物之间的相同之处,再看到不同点。一般会这样说:"在形状、颜色……方面是一样的,但新旧不同、大小不同";或者会回答:"总体来说很有道理,但是(同时)在……方面存在一些问题"。

(3)完全求异型:看到事物之间的差异性、看不到事物之间的相同点,对存在的不足与问题非常敏锐。比如会说:"它们之间没有什么关系,形状不同、颜色不同、新旧不同、大小也不同";或者经常说:"不见得吧"、"未必吧"、"好像不是这样的吧"。

(4)异中求同型:先看到事物之间的不同之处,之后看到相同点。一般会这样评价:"它们之间的新旧不一样、大小不同,但形状、颜色是一样的";或者这样评价:"我觉得你说的不对,但是在……方面还是有道理的"、"不一样啊,只是在……方面倒是一样的"。

【课堂实训】

拿出三个一块钱的硬币,随便扔在桌子上,请问这三个硬币之间有什么关联?请在下述答案中选择。

A.这三个硬币全都不一样,它们新旧不同、年份不同、摆的位置不同。

B.都是一块钱,都一样的形状,没有什么不同的。

C.都是一块钱,都是圆形,但其中一个较旧而且年份不同。

D.这三个硬币新旧不同、年份不同,但都是一块钱、形状一样。

你选择_____。(参考答案:选 A、B、C、D 则分别是完全求异型、完全求同型、同中求异、异中求同型)

2.自我判断型、他人引导型

(1)自我判断型:根据自己的思考来决断,主观性强。

(2)他人引导型:很容易受他人意见影响,别人的看法及观点常会左右他的决定。比如:"噢,毛老师也买了啊,那我也……"

3.追求快乐型、逃避痛苦型

(1)追求快乐:让他快乐的事,他敏感、对他有动力。

(2)逃避痛苦:让他痛苦的事情,他敏感、对他有压力。

积极乐观、有梦想的人是追求快乐者,但求保有工作不求得先进的人就是逃避痛苦者。

如点菜中说"我要这个、我要那个"的人一般是追求快乐者,说"不要辣、不能咸,其余无所谓"的人一般是逃避痛苦者。

在找工作决策中表现为:抱有"我要实现自己的抱负与理想"的人一般是追求快乐者,认为"这家公司可养家且压力不大"的人一般是逃避痛苦者。

4. 成本趋向型、品质趋向型

(1)成本趋向型:决策时偏重于成本因素。

例:"关键是要实惠,住得舒服就可以了,所以……"

(2)品质趋向型:决策时偏重于品质因素。

"一定要最好的,环境、视野、楼层……都要最好,价格不是问题……"

5. 一般型(抓重点、关注大概)、特定型(注重细节)

(1)一般型:根据重要事项来做决策,只抓大原则、大方向,不注重细节。

(2)特定型:根据细节问题来做决策,注重细节,关注小事情。

6. 依序型、随机型

(1)依序型:按部就班,凡事有自己的程序与逻辑,注重条理性。

(2)随机型:不强调逻辑、随机无序,发散性思维。

7. 相信过去型、展望未来型

(1)相信过去型:关注过去的经验,沉湎于过去的成绩;

例:"想当初我……"

(2)展望未来型:关注未来的发展趋势,对美好未来充满期待。

"啊,我这样下去的话,将来肯定能够成功"

8. 自我意识、顾他意识

(1)自我意识型:在工作中关注自我感受。

(2)顾他意识型:能够顾及他人感受。

【课堂实训】

听一个人讲话,若觉得内容无聊乏味,你就会_____。(注:①②③为自我型,④为顾他型)

①立即或想办法退席 ②做自己的事 ③说话 ④仍然专心地听完并记录

9. 工作模式之合作型、独立型、自主乐群型

(1)合作型:喜欢与他人一起合作共事,但若独立完成就有困难。

(2)独立型:适合独立作业,在团体中时常与他人格格不入,难共事。

（3）自主乐群型：既能独立完成工作，也能和他人一起和谐地共事，有主见、不主观。

【课堂实训】

你属于哪种人格模式？判断一下你的同学的人格模式。

二、沟通中的不同应对方法

不同人格模式的人在一起，因价值观念、思维方式、决策逻辑都不相同，很易产生沟通障碍。所以，沟通中必须根据不同客户的人格模式区别应对。

（一）与不同性格类型的有效沟通方法

1.与和平型沟通：强调该方案将对周边亲友有重大好处，周边亲友会有良好评价，沟通说服中要温和、有耐心，给他以时间考虑。

2.与活泼型沟通：恭维与肯定他的建议与看法，强调该方案将对他及其周边亲友取得成绩会有很大帮助，会因此而大受赞誉，并趁热打铁立即促成。

3.与完美型沟通：注重细节、理性与精确分析，提供非常精确的数据、资料与各种决策要素，沟通中要温和、有耐心，保持联系，等待他的反馈。

4.与力量型沟通：告诉他，什么对工作会有所帮助，会带来高效益，表述重点信息，直截了当提出要求。

5.与自我实践型沟通：拿出方案、提出建议，直截了当、速战速决。

6.与冷漠型沟通：不与之纠缠，"三十六计走为上"，并赞赏与感谢他。

（二）与不同人格模式者的有效沟通方法

1.与完全求同型、完全求异型、同中求异型、异中求同型等不同类型客户的有效沟通方法

（1）与完全求同型沟通：引导关注相同点。如："……是吧"、"……对吧"。

（2）与完全求异型沟通：有意识地提出反面建议或不同意的地方，待他说完后，再征询意见。如："这个方案费用很高，估计不太符合你们的要求，你认为呢"。

（3）与同中求异型沟通：先认同或指出相同的地方，然后指出不同意的地方。如："……很好啊，同时在……方面估计你会觉得有些贵，可能不合你们要求，你看呢"。

（4）与异中求同型沟通：先指出不认同的地方，然后提出认同之处。如"在……方面估计你会觉得偏贵，同时总体来看还是很合适的。"

2.与自我判断型、他人引导型的沟通方法

（1）与自我判断型沟通：先肯定与赞美他的观点，随后提供相关信息与建议，尤其是提供决策要素，然后静待客户决策。

如:"大家都知道您是这方面的权威,您肯定会很科学理性地作出最佳决策,同时您也肯定知道需要考虑的最关键因素有四个,一是……二是……三是……四是……。"

(2)与他人引导型沟通:运用他人的话或经验说服客户。

如:"××公司的李总就购买了 10 台,他说,经过比较,还是我们公司的设备最可靠,您看这是李总的感谢信。"

"您看您同事选择了靠海的 401 房间,那么也同样给您靠海的 403 房间?"

"这款产品品质很好,曾得过国家优质奖,报纸与杂志上都时常报道,选择这款产品的客人都赞不绝口的,您买了一定会满意。"同时再给他看一些其他客户的使用心得、统计资料、奖章图片,那么客户就容易心动了。

3.与追求快乐型、逃避痛苦型的沟通方法

(1)与追求快乐型沟通:重点是让他知道对他的好处或能得到的结果与快乐,通过造梦诱导以及分析增加的收益,让他了解、让他想象未来的利益与快乐。简单说就是:诱导。

如:"选择本酒店,你将会享受到……"。

如:"只要采用我们的设备,那么贵公司的收益将年增长 30% 以上"。

(2)与逃避痛苦型沟通:让他了解到若是不做将会造成的损失或不利后果,了解到做了则会使他减少损失从而降低痛苦,实践中可以把不利后果呈现到他眼前。

如:"现在是旅游旺季,房间真的是非常紧张。如现在不定下来,明天就不好说了。您看定单人间还是双人间?"

4.与成本趋向型、品质趋向型的沟通方法

(1)与成本趋向型沟通:强调成本低、性价比高、很实惠。

如:"401 房间最实惠了,环境、硬件都好,这两天还搞特价,正合您的要求。"

如:"是不是很实惠? 这可是全杭州性价比最高的。"

(2)与品质趋向型沟通:强调东西好、质量有保证,而且独一无二。

如:"808 房间是总统套房,是顶级的,可以清楚地观潮,最符合您的高品质要求了。"

如:"我们的质量是超一流的,你要质量还是价格?"

5.与一般型(抓重点、求大概)、特定型(注重细节者)的沟通方法

(1)与一般型沟通:重点强调结果与大方向,忽略细节。

(2)与特定型沟通:详细分析来龙去脉与各种因素,强调细节。

6.与依序者、随机型的有效沟通方法

(1)与依序型沟通:按客户的逻辑与顺序来与他沟通。

（2）与随机型沟通：先顺着客户的话题说话，等客户的言语偏离主题时再拉回到正题，如此不断进行。

7. 与相信过去型、展望未来型的有效沟通方法

（1）与相信过去型沟通：提及他以前的事情并肯定赞美之，并用他以前取得成功的方法来对比现在。

如："您一直以来喜欢住在可以看湖的房间，真是有情趣。今天还是原样吧？"

如："想当初您是怎么做的？真是……啊。"

案例导引 3.3　　　　　　　　**陪老太太聊天**

有一个保健品推销员遇到一个六十多岁的老太太。她很富有，曾有过非常幸福的家庭生活，但是因为丈夫早逝，儿女又不在身边，每天陪伴她的只有寂寞和孤独。这个推销员每一次为她所做的事都很简单，就是抱着极大的兴趣提醒她回忆过去，让她沉浸在过去点点滴滴的美好回忆中，而推销员在一边专注地倾听，并不时地附和她的谈话内容。当然，他每一次的拜访也都有很好的业绩。

（2）与展望未来型沟通：以未来前景诱惑。

如："想想，只要这样下去，您将来会是……啊。"

能力训练

实训 1：判断周边同学的人格模式

实训目标：考核与训练学生的观察力、知人力。

实训内容：列举若干同学，观察他们，判断他们的人格模式（性格类型与价值观决策模式）。

实训步骤：选定同学→观察、判断人格模式→核对→点评→撰写实训报告。

实训 2：判断三国人物的人格模式

实训目标：考核与训练学员的观察力、知人力。

实训内容：列举若干人物，如曹操、袁绍、鲁肃、关羽，判断他们的人格模式。

实训步骤：选定人物→观察、判断人格模式→核对→点评→撰写实训报告。

项目三　调研与观察

对客户心理需求的了解是有效沟通的前提。了解客户心理需求，有调研、观察、询问、聆听等方法。本项目重点介绍调研与观察的方法。

📁 **理论知识**

一、调研与观察的内容

不管是面向团队还是个人客户,都需要事先观察、调研、了解客户信息,以进行有效沟通并提供合适的服务。

通过调研与观察,可以了解到下述类型的客户信息。

1.客户的性格:和平型、活泼型、完美型还是力量型。

2.价值观:如追求品质还是实惠?注重精神还是物质。

3.兴趣爱好:爱好是什么。

4.思维与决策模式:求异型还是求同型,一般型还是特定型,自我判定型还是他人引导型。

5.工作方式与取得的成绩:客户工作情况、所取得的成绩与地位。

6.客户对服务的特别要求。

二、在沟通实践中采取的具体方法

1.调研

通过观察、记忆、电脑查询,像老朋友一样地招呼姓名、寒暄以及生活习惯询问,这将令客户得到很大的精神性满足。

了解客户信息的调研方式很多,在工作中可以采取的主要方式如下:

(1)通过检索储存在电脑中的客户资料,了解客户情况。

(2)通过电话、传真、E-mail等方法了解即将入住的客户情况。

(3)通过查阅相关的名录、报纸杂志、图书资料等了解客户信息。

(4)通过朋友与同行了解客户性格、喜好,以及团队客户的需求信息。

2.观察

在面对客户时,服务员需要在开口沟通前对客户有一个初步的判断,这种判断的正确与否将影响到沟通是否顺利以及客户的心理满意度。酒店服务员应有敏锐的观察能力,能看出客人没有说出的各种需求,从而做到主动服务。要在短时间内与不相熟的客人建立起融洽的关系,主要靠观察力。

案例导引 3.4　　　　　　　　**观察力不足**

梁先生请一位英国客户到上海某高级宾馆的中餐厅吃饭。一行人围着餐桌坐好后,服务小姐走过来请他们点菜。

"先生,请问您喝什么饮料?"服务小姐首先用英语问坐在主宾位置上的英国人。

"我要德国黑啤酒。"外宾答道。接着,服务小姐又依次问了其他客人需要的酒水,最后用英语问坐在主位的衣装简朴的梁先生。梁先生看了她一眼,没有理她。服务小姐忙用英语问坐在梁先生旁边的外宾,点什么菜。外宾却示意请梁先生点菜。

"先生,请您点菜。"这次小姐改用中文讲话,并递过菜单。

"你好像不懂规矩。请把你们的经理叫来。"梁先生并不接菜单。

小姐感到苗头不对,忙向梁先生道歉,但仍无济于事,最终还是把餐厅经理请来了。

梁先生对经理说:"第一,服务员没有征求主人的意见就让其他人点酒、点菜;第二,他看不起中国人;第三,她影响了我请客的情绪。因此,我决定换地方请客。"说着,他掏出一张名片递给餐厅经理,并起身准备离去。其他人也连忙应声离座。

经理一看名片方知,梁先生是北京一家名望很大的中外合资公司的总经理,该公司的上海分公司经常在本宾馆宴请外商。

"原来是梁总,实在抱歉。我们对您提出的意见完全接受,一定要加强对服务员的教育。请您还是留下来让我们尽一次地主之谊吧。"经理微笑着连连道歉。

"你们要让那位服务员小姐向梁老板道歉。他是我认识的中国人当中自尊心和原则性很强的人,值得尊重。"英国人用流利的中文向经理说道。原来他是一个中国通。

在餐厅经理和服务小姐的再三道歉下,梁先生等人终于坐了下来。餐厅经理亲自拿来好酒以尽"地主之谊",气氛终于缓和了下来。

【即问即答】

(1)服务小姐错在哪里?请你正确地服务一遍。

(2)该案例对你的启发是什么?

服务员在面对客户时,须根据客人的形象、仪态、表情、语音语调进行观察,并迅速作出判断。这时得用眼睛、耳朵,而最准确的莫过于感觉,快速地对客户的人格心理模式作出综合判断。从客人进店举止了解其服务需求;从穿衣打扮了解客人的职业、身份、服务标准;从神态、表情了解客人对服务的心理感受。

与客户交往中,一般可以采用以下五种观察方式:

1.观察客人的形象、服饰,了解客人的职业、身份、服务标准。

2.观察客人的仪态举止,了解客人的需求。

3.观察客人的肢体语言与声音语言,初步判断客户的人格模式,如一般型还是特定型、和平型还是活泼型、视觉型还是感觉型等。

4.从客人的神情判断其对服务的感受。

5.从客户群体的言行举止与态度,行、站、坐时的空间方位等判断其中每个人的地位。

能力训练

实训 1:调研需求

情景:阿里巴巴董事局主席马云即将来我酒店下榻。

实训目标:考核与训练学生的调研能力。

实训内容:调研马云的性格心理、价值观决策模式、住宿、饮食以及其他生活方面的需求;说明具体的调研方法与信息途径。

实训步骤:领任务→课外调研→提交心理需求信息分析报告→讲解、点评→报告。

实训 2:观察判断

情景:一对儒雅、白发、说粤语的夫妇前往服务台。

实训内容:服务员在客人走向前台的路途中,判断客人的人格模式、可能的需求。

实训目标:考核与训练学生的观察力,考核人格模式判断力。

实训步骤:描述观察要点、结果→讲解、点评→报告。

项目四　询　问

情景活动 3.2　　　　　　　问出背后的词语

情景:在黑板上写若干文字(如词语"木牛流马"、"客户沟通"等),请一位同学上台背着黑板就坐,通过询问,台下同学完全按照所问的问题来回答(内容不许超出问题所涉及的范围),通过不断问答,台上同学综合判断出写在黑板上的文字。

案例导引 3.5　　　　　　　无奈地撤掉"清蒸鲩鱼"

徐先生带着客户到北京某星级饭店去吃烤鸭。这里的烤鸭很有名气,客人坐满了餐厅。由于没有预定,徐先生一行被服务小姐引到休息室等了一会儿,才被领到一张客人预订却未到的餐桌前。入座后,徐先生马上点菜。他一下就为 8 个人点了 3 只烤鸭、十几个菜,其中有一道"清蒸鲩鱼"。由于忙碌,小姐忘记问客人要多大的鱼,就通知厨师去加工了。

不一会儿,一道道菜陆续上桌了。客人们喝着酒水,品尝着鲜美的菜肴和烤鸭,颇为惬意。吃到最后,桌上仍有不少菜,但大家却已酒足饭饱。突然,同桌的小康想起还有一道"清蒸鲩鱼"没有上桌,就忙催服务员快上。

鱼端上来了,大家都吃了一惊。好大的一条鱼啊!足有 3 斤重。这怎么吃得下呢?

"小姐,谁让你做这么大一条鱼的? 我们根本吃不下。"徐先生用手推了推眼镜说道。

"可您也没说要多大的呀?"小姐反问道。

"你们在点菜时应该问清客人要多大的鱼,加工前还应让我们看一看。这条鱼太大,我们不要了,请退掉。"徐先生毫不退让。

"先生,实在对不起。如果这鱼您不要的话,餐厅要扣我的钱,请您务必包涵。"服务小姐的口气软了下来。

"这菜的钱我们不能付,不行就叫你们经理来。"小康插话道。最后,小姐只好无奈地将鱼撤掉,并汇报领班,将这道"清蒸鲩鱼"的钱划掉。

【即问即答】

(1)服务员在沟通中犯了哪些错误? 导致了什么后果?

(2)对你有什么启发?

理论知识

获知客户的需求信息,方法包括事前的调查研究、观察、询问与聆听。询问在客户沟通中占有极其重要的分量,有效地询问可以使客户有针对性地作出回答,从而帮助服务员了解客户需求。有效地询问,将使沟通事半功倍。

一、询问的意义

沟通是靠问的。良好的询问,可以获得有效信息并使得客人感到尊重与满意。在与客户的沟通中有效地询问,有下述作用。

(一)获得信息

有效的询问,可以让对方有效地回答,从而可以有效地了解对方的思想与需求。

(二)有助于了解客户的真实需求

在客户回答询问时,我们可以从客户的话语、神情、态度等方面看出客户的喜好、厌恶、倾向与需要,还可以从不经意的回答中判断出客户的真实需求。

"要辣的,辣才有味啊。有辣就好,菜嘛,荤素看着上,先来7~8个菜吧。先来一瓶二锅头!"客人用爽朗的声音嚷嚷着。

——可知:客户要的是辣的、味重的、适合下酒的川湘风味的菜。

"最近忙什么呢?"销售人员寒暄道。行政干事抹了抹汗说:"快忙晕了。工程部最近大规模投标,印文件、标书,复印机与打印机又老是罢工,我都找人维修好几回了。"

——可知：复印机、打印机已经满足不了目前需要，已有添置新设备的必要；急需复印纸、文件夹等文具用品。

（三）建立亲和力

主动热情的寒暄是对客人的一种尊重，针对客人兴趣点与自豪点的询问，是最好的欣赏与友善，客人自然也会反馈以热情与真诚。

二、询问的内容

酒店服务员要通过询问来拉近与客户的距离，就要知道什么时候询问、询问哪些类型的问题以及问到什么样的程度。客户的类型多种多样，优秀的服务员要根据客户的特点寻找其感兴趣的话题，加以询问和适当的附和，这有助于取得良好的沟通效果。

例如：对为人父母者，可以提及其孩子的学习、兴趣等；对年轻男士可以谈谈体育、旅游、汽车等话题；对年轻女士可以谈谈服饰、时尚、电视剧等话题；对年长者可以多谈及其当年的辉煌，以及旅行情况。作礼仪性的寒暄后就可以有针对性地进行询问。

三、询问的方法

（一）询问的方式

询问的方式包括：开放式询问，封闭式询问，想象式询问，高获得性询问四种。

1. 开放式询问：不限定答案、自由发挥，回答的内容包含大量信息。

如："先生，您需要什么样的房间？"

"您对装修有什么要求？"

"目前贵公司的发展战略是怎样的？"

2. 封闭式询问：答案很简单或很短，其答案通常是"是"或"否"，或在限定的范围内作答。这是确认事实的最佳方法。

如："您要双人间还是单人间？"

"您喜欢咖啡吗？"

"您决定住下吗？"

3. 想象式询问：引发对方思考、想象的提问，主要是要给对方一个想象的空间，使对方经过思考后对预测的结果有强烈的感受。又分为开放型的想象式询问、封闭型的想象式询问。

（1）开放型的想象式询问

如："405房间是江景房,明天中午可以看涨潮,想象一下那是多么有意思啊!"

（2）封闭型的想象式询问

如："您想象一下,按照这个方案,你的领导会不会非常高兴呢?"

"假如你穿着这套衣服去出席宴会,会不会让人眼睛一亮?"

4.高获得性询问:限定于某个方面的开放性提问。

如："请问先生,菜肴在辣咸度方面有什么要求?"

"这次旅行在住宿方面有什么要求?"

"请问你家的装修在颜色搭配方面有什么要求?"

(二)询问的策略

询问引导思考与回答,有效的询问可以让客户顺畅地思考与充分地回答,有效的询问方式组合可以收获全面、充分的信息。

在客户沟通中,比较有效的询问方式组合即询问策略是:

开放式询问→高获得性询问→封闭式询问→想象式询问→封闭式询问→……→封闭式询问。

能力训练

实训1:判断下列提问方式属于什么类型

（1）"您决定是要这款沙发还是那一款呢?"

（2）"您对我们产品的质量有什么看法?"

（3）"您的意思是目前的方案还有待完善,是这样吗?"

（4）"想象一下,按这个方案装修,你的家里是多么地具有书香气息?"

实训2:请同学们尝试用下述方式来提问

（1）开放式提问:＿＿＿＿＿＿＿

（2）封闭式提问:＿＿＿＿＿＿＿

（3）想象式提问:＿＿＿＿＿＿＿

（4）高获得性提问:＿＿＿＿＿＿＿

实训3:询问模拟

情景1:酒店服务员张小姐接待中年男客户,开展询问。

情景2:装潢公司业务员小李来到万先生家,沟通装潢事宜。

情景3:办公室员工小王接待来访的客人。

实训目标:考核与训练学生的询问能力,考查询问策略的掌握水平。

实训内容:根据情景,学生扮演不同角色,重点模拟"询问"这一沟通行为,并点评。

实训步骤:模拟"询问"→同学点评→撰写实训报告。

项目五 聆 听

情景活动 3.3　　　　　　　　　　**聆听素质测试**

结合自己平时上课表现,对下述情景选择"很少"、"有时候"、"总是"。

(1)我让说话的人把话说完　　　　　　　　　　　　　　　□

(2)我确定自己了解了对方的观点之后再作回答　　　　　　□

(3)我聆听重要的论点　　　　　　　　　　　　　　　　　□

(4)我试着去了解对方的感受　　　　　　　　　　　　　　□

(5)我想到解决方法后再发言　　　　　　　　　　　　　　□

(6)聆听时,我能够控制自己,很放松、冷静　　　　　　　　□

(7)我发出聆听的附和声　　　　　　　　　　　　　　　　□

(8)别人说话时,我会做笔记　　　　　　　　　　　　　　□

(9)我以坦荡的心聆听　　　　　　　　　　　　　　　　　□

(10)即使对方是个无趣的人,我也会听他说　　　　　　　　□

(11)我注视着说话的人　　　　　　　　　　　　　　　　　□

(12)我耐心聆听　　　　　　　　　　　　　　　　　　　　□

(13)我问问题以确定自己了解情况　　　　　　　　　　　　□

(14)聆听时我不会分心　　　　　　　　　　　　　　　　　□

很少=-1,有时候=0,总是=1。

你的得分是_____。

评价自己:12～14 分=优秀的聆听者;8～11 分=聆听水平尚可;5～7 分=聆听水平一般(以为自己很好,其实很需要接受聆听训练);4～6 分=根本没有聆听意识;0～3 分=听觉或性格上存在较大问题。

案例导引 3.6　　　　　　　　　　**哈里的助听器**

销售员哈里因为听力不好,每次面对客户的时候,只好看着客户说话时的口型来判断客户说的是什么,然后再做出回答。

一次,哈里在老约翰的办公室里就一批钢铁的采购合同进行业务拜访。在约翰提到对这批货品的品质要求、运输要求以及到货期限等问题时,哈里眼睛眨也不眨地盯着老约翰的脸,生怕错过了一个字,甚至还时不时地在笔记本上做记录。这时,正是春暖花开的季节,窗外景色明媚、阳光灿烂,几只鸟儿在欢快地叫着。

可是,哈里因为听力欠佳,无法欣赏这一切,只是专注地看着老约翰的嘴唇。直到会谈结束,哈里才松了口气,老约翰也很满意地从座位上起身,双方约定了下次见面的时间。

之后,哈里去看了医生,医生给他配了一副助听器,告诉他这种仪器可以使他的听力变好。哈里用了一下,果然是这样,于是他就每天都戴着这副助听器。

几天后,哈里如约来到了老约翰的办公室。今天,他听得很清楚,所以注意力也不知不觉地就分散了。一会儿,他看着窗外的景色发呆;一会儿,他被清脆的鸟叫声给吸引住了。过了一会儿,有推门声,哈里探头看了一下,原来是老约翰的秘书端咖啡进来,于是,哈里的目光一直追随着女秘书婀娜的身影。

老约翰很生气,说到:"我一直很欣赏你工作时的专注劲,你可以一小时一小时地看着我,听我说话而不分神,让我觉得受到了尊重,这是其他销售人员所不曾做到的。可是,今天,你却很不在意地听我说话,让我觉得很诧异,虽然我们的合同已经谈得差不多了,但我还是要等下一次再做决定。"

哈里很吃惊,他本来以为这副助听器能够给自己的销售生涯带来帮助,没想到却使客户大为恼火。现在他才明白,原来专注的聆听对他的工作是这么重要。

那么,下一次见老约翰的时候,他还要不要戴助听器呢?

【即问即答】

(1)没戴助听器时,哈里是怎么表现的? 为什么没戴助听器使哈里成为客户心目中最有素养的业务员?

(2)为什么戴了助听器反而使他惹得客户极为生气?

(3)人类在正常听力情况下会有怎样的行为? 这种行为会让沟通对象产生什么感受?

理论知识

察知客户心理需求,除了看、问之外,还有听。听是获得客户信息的重要手段,需要明白的是"听"并非简单地用"耳朵"听。

【课堂实训】折纸

取一张正方形的纸,将其对折→再对折→再折成三角形→旋转180度→撕左角。看看你折出来的纸和其他同学折出来的纸的形状是否相同?

【课堂实训】读旧报测问题

找一张旧报纸,念一则事件,并提出问题让同学们回答。看看同学们答对了多少?

【课堂实训】自作主张

先发A4纸。主持人说:"来,每两人共分一张A4纸,每个人一半。"停语,就有人把这纸"哗"地撕开了,有的是横着撕,有的是竖着撕。

主持人问:"我有说要撕开吗?"大家都笑了。这就是沟通不良。

接下来主持人做个示范,并说:"现在每人半张,然后这样子撕。"又是大家都

"哗"地依照主持人那样撕开了纸。

主持人说:"将半张纸分成一样的大小四条。"马上会出现两种方法,不是四条瘦的、就是四条胖的,又不一样。主持人说:"我要四条瘦的。"于是分成胖的统统丢掉。把纸再发下去再分,这回每个人都是四条瘦的了。

主持人说:"将每一条放在另一条的中间。"结果全场至少出现了五六种叠放的样子,有的像"米"字、有的像"井"字……

【即问即答】

三则课堂实训说明了什么问题?

一、聆听的意义

(一)获得客户真实信息

要获得客户的真实信息是很不容易的,这要求在沟通中不但要听清楚,还要正确理解、询问,更要从肢体语言去破译言语背后的真实意图。

(二)培养亲和关系

聆听中表现出来的专注、眼神交流、点头、微笑、附和等,使得客户可以感受尊重、理解、心灵交融,这样就能够进一步建立良好的亲和关系。

所以,正确的聆听是沟通过程所必需的,这是一个复杂的过程。

二、聆听的内涵

(一)沟通信息的构成与权重

沟通中的信息由三重信息组成:文字语言信息、语音语调信息、肢体语言信息。在信息表达中,三者对于听者的影响力所占的权重是 7%:38%:55%。所以,在沟通中,具体的文字符号构成的信息是苍白的、无力的,附着于文字信息的语音语调、配合文字语言的肢体动作才是真正表达真实内心的信息,它们占有最大的权重。这就要求我们在询问、聆听、表述的时候更要注重语音语调、肢体动作的表现力。

(二)聆听的三个层次

因为有不同的信息组合,聆听也相应地分为三个层级:听清事实、听到关联、感同身受。听清事实是指有效地接收到对方所表达的文字信息;听到关联是指不但听清文字内容,还结合对方的身体语言领悟到其所要表达的真正的、深层的意思;感同身受是指细心体会对方的情绪与情感,达到与沟通者的心灵交融。这三个层次是层层向上的三个台阶,一步步地进入越来越高的境界。

1. 第一层：听清事实

【课堂实训】听力测试

(1)请问:40 被一半除,再加 15,等于多少?

(2)法律是否允许一个男人娶他遗孀的妹妹为妻?

(3)哪一种表达更准确,5＋9 是 13,5＋9＝13?

(4)在一个长 6.3 米、宽 3 米和深 1 米的洞里,有多少立方米的土?

(5)从起点到终点,每隔 10 米种一棵树,共种了 20 棵,这段路共有多长?

(6)一列火车上午 7 点离开甲地,要走 100 公里到乙地,车速是每小时 100 公里。同样上午 7 点,另一列火车离开乙地走 100 公里到甲地,车速是每小时 50 公里。它们碰头的时候,哪列火车离甲地更近呢?

(7)下列 3 种动物,哪个在完全黑暗中看得清清楚楚:豹、猫头鹰、蝙蝠?

(8)网吧里有 2 个中学生,其中一个不是初中生,所以这两人是什么学生?

(9)在我国北方,还有大约多少只华南虎,几十只、几百只、几千只?

(10)在珠穆朗玛峰被发现之前,哪座山峰是地球上最高的?

影响到听清事实的因素有:环境因素、心理因素、情绪因素、客户因素。

(1)环境因素指来自外部环境的干扰,如嘈杂的环境、人为的干扰、电话铃声。

(2)心理因素包括有偏见、自以为是、害怕真相、惦念心事。

(3)情绪因素包括情绪极度恶劣或者极度兴奋。

(4)客户因素指的是客户由于认知水平等方面的原因导致未听清。

听清事实就是听清楚说话者所说的字句。这是聆听首先要做到的,相对比较容易达成,但也须保证不受干扰、心境平和。

2. 第二层：听到关联

客户表述的信息包括表层的文字语言信息与深层的非文字语言信息。非文字语言信息就是由除了文字语言之外的声音语言、身体语言所表达出来的信息,据研究统计,非文字语言信息对客户沟通效果的影响约占 93% 的权重,影响力可谓重大。因为身体语言与声音语言是人的潜意识的表达,能最直接地反映出一个人的真实意图,而文字语言是有意识地表达,是有可能伪装与误导的。因此,聆听时要听清文字信息,更要听清语音语调及其细微的变化、看到各种细微的肢体动作以及表情变化等。当发现客户的身体语言或声音语言所表达出来的信息与他的文字信息不相符时,就要以前者为准。

3. 第三层：感同身受

聆听的最高境界就是和说话者达到共鸣,这是一种心灵和情感上的相通。当说话者说到悲伤处时,聆听者为之感叹或嘘唏不已;说话者谈到开心处时,聆听者也随之感到欣喜;说话者低声轻语时,聆听者能够领会其中隐情;说话者说到兴奋时,聆听者也情绪激昂。这就是聆听中的最高境界——感同身受。

在与客户沟通时,要用心体会对方的感情与情绪,要有积极反馈。

案例导引 3.7   **用心来听**

唐朝时,一位公主在大师讲道的时候,听着听着就心不在焉,在鸟儿的鸣叫声中发起呆来。

大师见状,便问:"我们听外面的鸟儿叫声,是用什么来听的?"公主说:"用耳朵啊。"

大师接着问道:"死人也有耳朵,为什么听不到鸟儿在叫呢?"公主说:"我知道了,人是用灵魂来听的。"

这时大师又问了:"睡着的人也有灵魂啊,为什么听不到鸟儿在叫?"公主想了半天,才终于明白了。原来,听是需要用心的。

(三)聆听的级别

1.听有四种不同的表现状态

(1)认真倾听,保持目光接触,集中精神,不轻易打断对方的话语,是对说话者的尊重。

(2)利用神态和肢体语言适当地给予反馈,如点头或摇头。

(3)积极主动地去听,分析所听到的内容,弄懂发言人真正的意思并适当提问,而不是听听就算了。

(4)客观倾听,心态摆正,不存偏见。

2.四层级的聆听者

(1)初级听众:做到表现状态(1),表面看上去挺好,但心里不一定认真专注。

(2)中级听众:做到表现状态(1)(2),在听而且听进去了,有反应、有兴趣。

(3)高级听众:做到表现状态(1)(2)(3),不但关注,而且互动反馈。

(4)VIP听众:做到表现状态的全部,积极倾听、认真关注、与诉说者有心灵互动,而且心态平和,没有先入之见。

作为酒店服务员,必须是高级听众甚至是VIP听众。

【即问即答】

(1)你是哪一级的聆听者?

(2)如果你尚未达到初级听众水平,你将怎么办?

三、聆听的技巧

客户沟通中的聆听,总结起来可以从四个方面来做好,包括:环境、心态、整体信息把握、反馈,它们决定着亲和力与真实信息的获得。

(一)安静无扰的环境

1.选择一个安静的环境,如会议室、会客室、幽静的茶室。

2.保持沟通场所的安静、无扰,避免嘈杂的声音、人员出入、电话铃声等。

(二)平和、空杯、专注的心态

1.平静的心情,避免激情(兴奋或低落)状态。

2.保持空杯心态:没有先入之见、不先做定论。

3.集中注意力。

(三)把握整体信息

1.不猜测、不插嘴、不打断,聚精会神地全部听完。

2.听完后不管清楚与否,都要询问核对。

3.细心观察客户语音语调与身体语言的细微变化,比较其与文字语言的吻合与不吻合之处,判断客户的真实内心。

4.注意"弦外之音"、"话里的话"。

(四)身心同步、积极反馈

1.点头、微笑、眼光交流,身体前倾。

2.专注、端坐,不做小动作。

3.拿出笔记本做记录。

4.听完后要询问疑惑。

5.简单复述与核对。

例如:"王先生,刚才您对住宿的要求我重复一遍,您听一下是不是对的,如有遗漏或错误,请立即帮我纠正。您的要求是:第一,……;第二,……;第三,……;第四,……是不是这样?"

能力训练

实训1:聆听技巧测试

实训目标:考核与训练聆听力素养。

实训内容:根据测试表(见表3-1),每位学生认真测试,算出分数,进行分析。

实训步骤:测试→上交结果→点评→分析不足→提出改正方法。

表 3-1　聆听技巧测试表

项　目	情　　　景	都是	常常	偶尔	很少	从不
态 度	(1)你喜欢听人说话吗？	5	4	3	2	1
	(2)你会鼓励别人说话吗？	5	4	3	2	1
	(3)你不喜欢的人在说话时，你也注意听吗？	5	4	3	2	1
	(4)不管说话人是谁，或动听或难听，你都很注意听吗？	5	4	3	2	1 1
	(5)朋友、熟人、陌生人说话时，你都注意听吗？	5	4	3	2	1
行 为	(6)你是否会目中无人或心不在焉？	5	4	3	2	1
	(7)你是否注视说话者？	5	4	3	2	1
	(8)你是否忽略足以使你分心的事物？	5	4	3	2	1
	(9)你是否用微笑、点头等方法鼓励他人说话？	5	4	3	2	1
	(10)你是否深入考虑说话人所说的话？	5	4	3	2	1
	(11)你是否试着指出说话人所说的意思？	5	4	3	2	1
	(12)你是否让说话人说完他的话？	5	4	3	2	1
	(13)你是否试着指出他为何说那些话？	5	4	3	2	1
	(14)当说话者在犹豫时，你是否鼓励他继续说下去？	5	4	3	2	1
	(15)你是否重述他的话，弄清楚后再发问？	5	4	3	2	1
	(16)在说话者讲完之前，你是否避免批评他？	5	4	3	2	1
	(17)无论说话者的态度和用词如何，你是否都注意聆听？	5	4	3	2	1
	(18)若你事先知道说话者要说什么，你也会注意听吗？	5	4	3	2	1
	(19)你是否询问说话者有关他所用字词的意思？	5	4	3	2	1 1
	(20)为了让他更完整地解释他的意见，你是否询问？	5	4	3	2	1

将你的得分加起来。你的得分是_____，那你是_____。

90～100 分，你是一个优秀的聆听者；

80～89 分，你是一个很好的聆听者；

65～79 分，你是一个勇于改进、尚算良好的聆听者；

50～64 分，在聆听方面需要好好训练；

50 分以下，你有在听别人说话吗？

实训 2:再讲故事并提问

实训内容:上课时讲旧报纸上的故事并再次向同学提问,看看同学们的聆听力有没有进步？这对你有什么启发？

实训目标:训练与考核学生的聆听力。

实训步骤:找到旧报纸、选一事件→读一遍→提问题→考核听对的成功率→点评。

实训 3:聆听模拟

情景1:酒店服务员张小姐接待中年男客户。

情景2:装潢公司业务员小李来到万先生家,沟通装潢事宜。

情景 3:办公室员工小王接待来访的客人。

实训目标:训练与考核学生的聆听素养。

实训内容:根据情景扮演角色,重点关注"聆听"这一沟通动作,并点评。

实训步骤:模拟"聆听"→同学点评→撰写实训报告。

考核标准:学生应郑重、认真地听,眼光交流,点头、微笑、做记录,没有小动作、身体前倾,听完后询问并简单复述与核对。

思考与练习

一、应知知识练习

1.客户在决定"购买"(做出抉择)时通常是什么心理?

2.人类有哪些人格模式类型?各有什么特点?

3.询问对于沟通有什么意义?如何询问?

4.聆听有什么意义?聆听分几个层级?

5.聆听需要怎么做?

6.在服务工作中,知人力有什么意义?你认为应该怎样提升知人力?

二、应会能力实训

1.分析并总结某一人物(如马云、宗庆后)的人格心理。

2.实地拜访某人,观察其办公室,并结合询问、聆听,判断其人格模式。如:①某院长或副院长;②某处长或某系部主任。

3.尝试判断以下人物的人格:《红楼梦》中的角色——林黛玉、薛宝钗、史湘云、王熙凤、探春、贾宝玉……

4.你作为学院团总支的入党推优考察员来了解王××同学的情况,就此事准备与班主任张老师沟通。

5.公司的老资格员工老王满面怒容地来到了办公室(注:事后知道是要找王总,讨要说法"为什么我的工资还不如小青年呢?")。此时王总正在主持一个上级领导参加的会议。刚来不久的年轻干事小王接待了他(小王认识老王,但关系不熟)。

实训:小王应如何开展"知人"活动以培养亲和关系、了解老王的心理需求?

6.综合训练:带着本书去拜访某位学院领导,向他介绍你学习《酒店沟通技巧》的收获、感受,并请他对你的拜访评分、提建议。

知识拓展

一、马斯洛的五层次需求

1943年,美国心理学家马斯洛发表了《人类动机的理论》一书,提出了人的需求层次理论。在他看来,人的需求有一个从低到高的发展层次。低层次的需求是生理需求,向上依次是安全需求、归属需求、爱与尊重需求、自我实现需求。一般情况下,五种需求由低而高依次实现,追求自我实现是人的最高动机。

二、相面

相面通过观察分析人的形体外貌、精神气质、举止情态等方面的特征来测定、评判人的禀性和命运。相面在中国有着悠久的历史,最早约可追溯到公元前7世纪的春秋之际。在古代相学著作中,较知名的主要有《麻衣神相》、《柳庄相法》、《神相全编》、《水镜集》、《相理衡真》等。

三、PAC 理论

PAC 理论又称为相互作用分析理论、人格结构分析理论、交互作用分析理论,由 Eric Berne 于 1964 年在《人们玩的游戏》(Game People Play)一书中提出。

这种理论认为,个体的个性是由三种比重不同的心理状态构成,这就是"父母"、"成人"、"儿童"状态。取这三者英文词语(Parent、Adult、Child)的第一个英文字母,所以简称人格结构的 PAC 分析。PAC 理论把个人的"自我"划分为"父母"、"成人"、"儿童"三种状态,这三种状态在每个人身上都交互存在,也就是说,这三者是构成人类多重天性的三部分。

一般来说,工作中最有效的交互作用是成人对成人的交互作用。这种交互作用促使问题得到解决,视他人同自己一样有理性,降低了人们之间感情冲突的可能性。倘能在交往中把自己的情感、思想、举止控制在成人状态,以成人的语调、姿态对待别人,给对方以成人刺激,同时引导对方也进入成人状态,作出成人反应,那就有利于建立互信、互助的关系,保持交往关系的持续进行。

模块四　表述力

活动与案例

情景活动 4.1　　　　　　　　　　**应聘模拟**

模拟整个应聘过程:岗位是杭州文化宾馆人力资源部干事,招聘经理须询问应聘者对岗位的认识、个人情况、对公司的要求(如薪酬等)。关注应聘者的介绍。

点评:应聘者的介绍有效果吗?

应聘者的介绍好在哪里?什么地方需要改进?

案例导引 4.1　　　　　　　　　　**察言观色的介绍**

三位客人来到广州流花宾馆的文苑南餐厅用餐。领位、入座、上茶后,服务员马上请他们点菜。

"请问,你们想吃点什么?"服务员边请客人看菜单边问。

做东的客人告诉她,想尝尝澳洲龙虾。服务员从他的言谈话语中看出,客人是北方人,可能不太熟悉广州地区的龙虾种类,有必要向他们介绍一下。

"先生,龙虾的品种很多,澳洲龙虾虽然很有名,但在肉质、弹性、光泽、口感等方面均不如广州地区的龙虾。"服务员诚恳周到的介绍引起了客人的兴趣。接着,服务员又坦率地告诉客人,"广州龙虾的价格要稍高于澳洲龙虾,如感兴趣,可先少要一些尝尝,觉得合口味再多要。"

客人被服务员真诚的态度所打动,同意点广州龙虾,并让她继续推荐当地名菜。服务员忙把宾馆的风味菜"招牌鲍鱼"、"夏果澳洲带子"等介绍给他们,还不厌其烦地对这些菜的来历、亨制方法、配料、口味、色泽和形状作了详尽说明,使得客人欣然接受。

餐间,客人把服务员叫过来点酒。服务员介绍了流花宾馆的轩尼诗,告诉客人,这种酒的价钱只有880元,很实惠,还符合了"发"了又"发"的谐音。服务员的解释颇合客人的心意。用餐临尽时,服务员又向客人推荐了美国红葡萄酒和新疆哈密瓜。

这一餐,客人消费很高,但十分满意,纷纷夸奖宾馆的餐饮质量好。

在生活中也许经常出现这样的情况,服务员向客户介绍了很多,客户却一点也没感觉到自己将从所介绍的服务中得到什么利益、没感觉到自己的需求与所介绍的服务有什么关联。于是客人摇摇头,对所介绍的服务毫无兴趣。这是销售、说服、陈述等人际沟通中常见的错误,即沟通者只从自己的角度,表述自己感兴趣的部分,而没有从客户角度,强调客户通过选择使用"产品"可以获得的实实在在的利益。在沟通实践中,一个优秀的沟通者一定要想到客户需求,从客户角度出发,强调客户实际能够得到的各种利益,不只是陈述"产品"的特点或优点,而是将"产品"的特点与优点和客户需求结合,让客户明白,通过使用"产品"将达成需求满足、得到利益。如此才能打动客户的心,激发其兴趣。

> **学习目标**
>
> 【知识目标】
> 1. 理解表述的意义、内涵。
> 2. 了解事物的三种属性。
> 3. 了解 FAB 表述的意义、要求。
>
> 【能力目标】
> 1. 会判定事物的不同属性。
> 2. 会初步进行 FAB 表述。

项目一　表述力概述

理论知识

在酒店服务中,服务员为客户提供服务,尤其在总台接待、点菜、纠纷与不满处理、商务中心、购物等工作中,必须与客户面对面交流,根据客户需求提供有效信息,从而提供给客户满足需求的物品与服务。

一、有效表述的意义

当通过开场白、询问、聆听而获知客户的问题或需求之后,服务员需要提出满足客户需求、达成客户目的的解决方案,对此进行有针对性的介绍。此时的介绍,其表现如何,影响重大。

(一)让客户感受到需求可以满足、目标可以达成

客人有自己的要求,他期望自己的要求能够很好地得到满足。客人来到前台、

餐厅、商品部、商务中心以及大堂或公关营销部,其目的需求虽不同却明确。此时,他非常期望能够听到很好地吻合其需求的信息要点,或看到有条理的、完全符合需求的书面文案。如果是这样,此时他将感受到他的需求被满足后的那种愉悦与放松。不然,如客人听到与看到的信息与他的需求没有关联,都无助于需求满足,对于客人而言,就是听了一箩筐废话,那结果就只有让客人心生烦躁、不安、不满。此时客人的心情是"你讲了半天,怎么都跟我的要求对不上号呢?"若再如此继续下去,那客户就只有选择"拜拜","怏怏"离去了,因为他已经不抱希望了。

有效表述可以让客人切实感受到其要求可以得到很好的实现,无效表述让客户感受不到需求将被满足而令其心烦气躁。

(二)让客户体会到尊重等精神性满足

在与客户进行沟通时,所有文字内容信息专门围绕着客户的需求,这显示了对客户需求的重视;而沟通中的肢体语言信息、声音语言信息更能够体现对客人的由衷关怀与重视,这一切都会让客户体会到被尊重。

(三)让客户感受到酒店服务的质量

一个服务员的有效表述可以让客人感受到这个服务员的能力素养,进而感受到服务员群体与酒店的素养与整体实力,从而决定了客人的信任度。

(四)让客户最终决定购买服务或产品

当客户觉得需求能够被很好满足,则产生心动,决定选择某项服务,否则就会离开。

客户产生"购买"动机很大程度上取决于服务员或业务人员的有效表述。好的表述所产生的效果往往要大于企业和产品的知名度对客户的影响,哪怕是没有做过广告或知名度低,也完全可以凭借专业的有效表述来成功地打动客户。这是服务人员的基本功。

【即问即答】

(1)表述在沟通中处于什么地位?

(2)你的口头以及书面表述水平如何?

二、表述力的概念

简言之,表述就是服务员或业务员向客人介绍服务或产品的过程。表述力就是有效组织语言(文字、肢体语言、声音语言)信息传递给对方,让对方感受到需求得到很好满足、感觉到目的将有效达成的能力。所以表述或表述力涉及效用与效果,而不是简单的说话。

例如：

服务员针对客户的要求说："您的住房要求很细致，根据您的要求，这里给您提供两套住房供您选择。第一套是 402 室，朝南、单人间，有阳光、较为安静，有盆浴热水澡，打折后 450 元/晚，较贵；另一间是……两套都符合您刚才的要求。"

三、有效表述的方法

怎么表述才是有效的、正确的？

(一)关注客户的需求,而不是产品

要致力于表述产品或方案能够满足客人需求，此时的重点是客人需求能够被满足，而不是重点介绍产品。

(二)重点表述客户效益

主要分析该服务或交易能够给客户带来的好处、效益和帮助，要具体化、数字化。

(三)主要介绍服务或产品的效用

客人感兴趣的是效用，其次才是为什么，即相关的特点与优点。所以，关键是效用。

(四)尽可能利用数据、演示、权威文件等来有效证明客户效益。

【即问即答】

产品与效益是什么关系？

能力训练

实训:模拟情景进行表述

情景 1:竞选生活委员或班长,在讲台上对全班同学讲述自己的观点。

情景 2:应聘微软公司浙江区业务员,向人力资源经理与业务经理陈述。

情景 3:当学院党总支考察员来考察你时,你就入党申请进行表述。

情景 4:作"红娘",把一个你的好友(女,客观地说五官不算漂亮但很耐看,善良聪慧、165cm)介绍给一位你认为很合适的"帅哥"(他喜欢心地善良、性格好、心胸宽、聪明的女孩)。因为你的介绍而让"帅哥"心动。

实训目标:训练与考核学生的语言组织能力、语言表达能力、观察能力,在大众场合的心理素质、肢体语言与声音语言的把握能力。

实训内容:选择具体情景,按要求进行角色扮演,进行有效表述。

实训步骤:选择情景→角色扮演→有效表述→师生点评→重复实训→撰写实训报告。

项目二　属　性

理论知识

向客户介绍服务或产品时,需要针对客户利益介绍服务或产品的属性,包括其特性(Feature)、优点(Advantage)、效用价值(Benefit),即要适当地表述产品的 FAB 属性。

一、产品属性

事物的属性,包含特性、优点、价值效用等,三者所揭示的信息内涵不同。

(一)特性

特性是事物所特有的性质,是可以用一系列指标、标准等予以表示和说明的。例如:原料构成、成分组成、数量、质量、规格、构造、功能、外观、色泽、味道、包装、品牌、送货、安装等。任何一个商品都有方方面面的特性。

例:"这衣服的面料是棉的。"

(二)优点

优点是事物所具有的超过普通标准的特性,是相比别的事物所具有的优势。

例:"这种衣服面料的透气性很好。"

"这个系统的存储器的空间很大,运行速度非常快。"

"牛奶全来自于健康、高免疫的新西兰牧场的乳牛,奶粉无污染,绝对卫生、安全。"

(三)效用价值

效用价值就是事物所具有的功能带来的作用、好处。它可能是优良的质量所带来的使用上的安全可靠、经久耐用;可能是新颖的构造和款式所带来的时尚感;可能是使用上的快捷方便;可能是操作上的简单易行;可能是省时、省力、省钱;可能是经济利益;也可能是著名品牌所带来的名望感等。

例:"这件衣服穿起来很舒服,可以很好地满足你穿着舒服的要求。"

"这台电脑的存储器足够大,所以速度快,刚好可以让你方便地处理绘图作业。"

特性是事物本身所固有的,优点是相对比其他事物而具有的,效用价值是事物所具有的功能、同时是其功能因为满足客户需求所带给客户的好处。特性满足市场一般需求,优点满足市场特别需求,效用价值满足客户个性化需求。在市场经济高度发达的今天,每一个客户都有自己独特而细微的需求,所以能够满足客户特定需求的、带给客户利益的是产品众多属性中的特性、优点与效用价值。

【即问即答】

(1)效用价值与优点是什么关系?

(2)"我是绍兴人"、"我跑步很快"在应聘介绍中属于特性还是优点,在什么情景下有用?

二、酒店产品属性

酒店产品包括住宿服务、餐饮食品、酒吧服务、康乐服务等,它们有各自的属性。

案例导引 4.2　　　　　　　**同样服务,不同反应**

玛利亚是洛杉矶某饭店餐厅的服务员。一天,几位客人来到餐厅用午餐,她为客人送去菜单,并请客人各自点了自己喜欢的主菜。为了使他们的午餐丰盛一些,玛利亚又为他们推荐了几样餐厅的特色菜,推荐时客人们没有表示反对。上菜后客人们只是匆匆喝了汤,用了各自的主菜和主食,对玛利亚推荐的菜,他们没有动就结账离开了。离开前有人看了看桌上剩下的菜,摇了摇头,表示不太满意。玛利亚忙问他们是否打包带走这些菜,他们仍然摇着头走了出去。

晚上玛利亚又遇到了几位客人来餐厅吃晚饭。她按中午的服务程序和方法为客人送菜单、推荐菜,结果客人们吃得很高兴,他们对玛利亚推荐的菜赞不绝口,夸奖他服务很好,并给了她小费。

在送走这些人后,玛利亚不禁心里暗暗发出疑问,为什么中午和晚上的方式基本相同,而客人的反应却不同呢?

【即问即答】

你如何解释玛利亚的疑问?

(一)特性

酒店产品在物理、化学、生物、经济等方面所具有的特征,是可以用一系列指标、标准等予以表示和说明的,一般是一些客观的、中性的描述。

比如:"我们酒店是四星级,占地 50 亩,有 50 年历史";"房间是双人房,有热水浴,500 元/天"。

(二)优点

酒店产品所具有的超过普通标准的特性,是相对比于其他酒店的优势。一般是带有形容词的词语描述,带有价值判断。

比如:"我们酒店很古老,有非常悠久的历史";"我们酒店风景很优美";"今天打五折,价格非常优惠。"

(三)效用价值

酒店产品的效用价值就是酒店服务所具有的功能带给客户的好处。每一产品会有若干效用价值,但针对具体客人而言,它的效用价值一般是特定的。

比如:"405房间的阳台朝南而且靠湖,这样就可以让你一边晒着太阳,一边欣赏湖光山色。"

"我们酒店就在西湖边,在酒店就可以坐在西湖边欣赏西湖的风景、让心灵彻底放松。"

"今天一楼房间3折,很实惠,这样可以省下钱来多买些礼物喔。"

【即问即答】

"龙井虾仁"有哪些特性、优点、效用价值,列举之。

三、属性判断

对事物属性要有正确判断。判断属性的方法如下:

(一)特性判断

特性是事物的自然属性,不作价值观判断,没有好坏、善恶、高低之别。

比如:"我们酒店在西湖边的南山路。"

"我们酒店是三星级。"

(二)优点判断

优点是基于某种价值观的评判,是相对于别的产品在某一特性方面的优势,一般用形容词来组词。

比如:"我们酒店位置很好。"

(三)效用价值判断

效用价值是针对客户需求而言的,是客户感受到需求被满足的价值作用。

比如:"我们酒店的环境能够让你真正静下心来。"

"我们酒店档次不错,会让你请客有气派。"

能力训练

实训1:一般事物的属性判断

1.分别指出下面的表达中哪些是特性、哪些是优点、哪些是效用价值。

(1)这台手提电脑外形小巧、美观,非常时尚,很符合便携的要求。

(2)这台手提电脑是奔腾5CPU,120G硬盘。

(3)这台手提电脑外形小巧、很美观,非常时尚。

2.列举出下述事物的若干特性、优点、效用价值。

（1）手机。

（2）杭州凯悦酒店。

实训2：酒店服务产品的属性判断

1.分别判断下面的表达中哪是特性、哪是优点、哪是效用价值。

（1）嘉伯酒店坐落在洛桑的湖边，是五星级酒店，每晚1000元。

（2）嘉伯酒店位置好、风景优美，设施齐全、档次高。

（3）嘉伯酒店刚好符合你的"要在洛桑、在湖边、有档次"的要求。

2.列举出下述酒店服务产品的若干特性、优点、效用价值。

（1）杭州（或你所在城市）香格里拉饭店的客房住宿。

（2）杭州（或你所在城市）香格里拉饭店的会务。

实训3：FAB属性分析与列举

情景：你去应聘不同岗位，针对不同岗位分析列举自己的FAB属性。

岗位1：酒店服务岗位。

岗位2：外务性岗位即营销公关类岗位。

岗位3：内务性岗位即行政文秘类岗位。

岗位4：分析性岗位即商务策划、投资分析决策与财务管理、生产计划类岗位。

实训目标：训练与考核学生的自我认知能力，考核对属性的掌握水平。

实训步骤：列举属性→同学评判→讨论→总结参考答案→撰写实训报告。

实训4：浙江范式营销管理机构的主干产品之一是《客户沟通技巧》培训课程，分为一天的公开性培训与企业内部培训。分析《客户沟通技巧》培训课程的FAB属性。

F是：

A是：

B是：

项目三　有效表述

案例导引4.3　　**这是今天餐厅指定的推销菜**

　　两位衣着讲究的山东客人来到北京某四星级饭店的粤菜餐厅用餐。餐厅装潢得华丽精致，还有演员在为食客们演奏民乐，环境十分幽雅。

　　服务小姐为客人端上茶水和毛巾后，便递上菜单等候他们点菜。其中一位先生看了看菜单后问服务员："小姐，你们这里有没有'红烧鲤鱼'？"

　　"对不起，先生。今天正好没有这道菜，红烧类的高级菜肴有'红烧大裙翅'和'红烧鲍鱼'。这是我们这里的风味菜，也是今天餐厅指定的推销菜，欢迎两位品尝。"服务员小姐面带微笑推荐着。

"我就喜欢吃'红烧鲤鱼',什么指定推销不指定推销的与我们没有关系。难道不点鱼翅和鲍鱼就不能在这里吃饭吗?"

"先生,我不是这个意思,我是想让你们品尝一下地道的粤菜风味。我推销的菜口味比'红烧鲤鱼'要好得多,况且'红烧鲤鱼'在哪里都可以吃到,但鱼翅和鲍鱼只能在高级餐馆和饭店的餐厅才能吃到。您二位来到我们宾馆用餐,难道不想尝尝由正宗粤菜厨师加工的菜吗?"小姐继续不厌其烦地对客人进行推销。

"我们要想吃正宗的鱼翅和鲍鱼就不到这里来了。广东、香港的鱼翅都是正宗的,况且你这样推销实际上是看不起我们。既然没有'红烧鲤鱼'就算了吧。"客人说着,站起身就走了。

服务员不知所措地望着他们的背影,她实在想不通为什么客人会不满意而离去。

【即问即答】

(1)服务员表述中的不恰当之处是什么? 为什么?

(2)服务员应该怎么说? 对你有什么启发?

理论知识

针对客户需求,如何表述才能让客户感受到需求得到满足、感受到好处?

仅凭产品的特性与优点是打动不了客户的,客户不会为了一大堆他认为没用的商品特性与优点而决定"购买"。

比如:

情景1:服务员说"这个是数码产品!"

(客户心里想:"那又有什么用? 与我何干?")客户回复说:"那又有什么用?"

情景2:服务员说:"这是名牌!"

(客户心里想:"那又怎么了? 名牌能当饭吃?")客户回复说:"那又有什么用?"

情景3:服务员说:"这个多漂亮啊!"

(客户心里想:"那又怎么样? 漂亮管什么用?")客户回复说:"那又有什么用?"

一句"那又有什么用?"就把所有之前的费心表述给打发了。

很多推荐产品或服务特性、优点的表述在客户听起来是烦人的废话,只有当效用与客户特定需求相结合,让客户实际感受到好处、利益,客户才能够满意,继而心动,然后才决定要了。表述需要遵照正确的原则与方法。

一、有效表述的原则

"利益促成客户购买!"

客户"购买"的是问题的解决、需求的满足、效益的获得，唯一能够让客户掏钱或付出的是能够满足他们需求的效益。具体的事物本身只是满足需求的手段而已，如可乐、酒店服务……所以，客户沟通中的表述须遵循正确的原则，如下：

（一）有效表述原则

表述要遵循基本原则：以效用价值来满足客户需求，介绍与客户需求相结合的效用价值。

根据表述原则，表述时需要强调客户的需求与客户的利益，为此须围绕客户利益来展开产品特点、优点的介绍，而不是从自己的角度、根据自己的喜好来介绍。

（二）FAB 法则

遵照表述原则在沟通实践中具体化为 FAB 法则。

FAB 法则：针对客户需求，将商品本身的特性（F）、商品所具有的优势（A）、商品能够给顾客带来的效用与价值利益（B）有机地结合起来，以效用价值（B）满足客户需求、以特性（F）和优势（A）支持效用价值（B）的逻辑顺序进行表述。

二、FAB 表述

案例导引 4.4 　　　　　医生向病人介绍针灸

医生：治疗偏头痛对我来说很容易，用针灸就行了。

患者：我从来没扎过针灸，连打针都害怕，麻烦您一定要轻一点儿啊！

医生：那先给你解释一下针灸治疗。

患者：太谢谢您了！

医生：一会儿我就在你头顶上下左右各扎满 10 针，每根针 2 寸长。扎针时先把针直刺到头皮下，接着贯穿上下左右向对侧沿头皮平刺过去，然后再左右捻动，上下拔插，最后通上电，让针随着电流搏动，加强刺激。怎么样？准备好了吗？

患者听了医生的解释后被吓得缩成一团，惊恐地瞪大了眼睛，哭着说："我要回家……"

这是一次非常失败的沟通，虽然沟通者是受过高等教育的医生，但医生也只懂得针灸技术、不了解病人心理。类似的沟通情景在生活中很常见。所以如何有效地进行沟通表述，需要正确方法。沟通实践中常使用基于 FAB 法则的 FAB 表述。

FAB 表述就是根据 FAB 法则，围绕客户需求，在众多特点（F）、优点（A）等产品属性中选择部分与客户需求相关联的属性，将它们转化为客户的效益价值（B），将效益价值整理成为诉求点介绍给客户，让客户充分感知到可以得到的利益，并以内含特点（F）、优点（A）等属性的相关证据资料来证明。

针对案例 4.4，如果医生充分考虑、照顾病人心理并运用 FAB 法则，患者将会有完全不同的感受,见案例4.5。

案例导引 **4.5** **医生向病人介绍针灸(基于病人心理版)**

医生:用针灸治疗偏头痛很有效,不要担心。

患者:我从来没扎过针灸,连打针都害怕,麻烦您一定要轻一点儿啊!

医生:我可以先给你介绍一下。

患者:那太谢谢您了。

医生:刚扎进去时有点儿痛,不过是很轻微的,就像蚊子叮了一下似的。然后我会用一种刺激不强的手法行针,这有助于病气从体内排出。最后用到的波形电流能有效地使紧张的神经松弛下来,让您充分地放松和休息。经过这样的治疗,您今天晚上就可以睡个好觉了。

患者:那可太好了,我们现在就开始吧。

三、FAB 表述四步骤

依照 FAB 法则,FAB 表述按照四个步骤进行,如图 4-1。

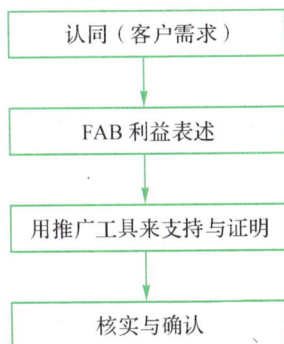

图 4-1　FAB 表述四步骤

(一)认同客户

1.重复客户需求并赞同之

这可以明确客户的需求,不致造成信息理解有误;使客户在心理上再一次强化该需求,锁定不变化;使客户感觉受到了尊重。

如:"哦,原来是这样,您希望居室的灯光和整个装修同色调,而且特别要求卧室灯光柔和。"

"您说得很对,扩大产品送货地域和延长保修期也正是我们在考虑的问题。"

2.配合使用身体语言

这是对客户最大的尊重以及对客户需求的重视,这样还可以快速建立与客户的亲和关系。

如:"目光专注地看着客户,倾听他的需求,做笔记……不住地点头、微笑。"

(二)FAB 利益表述

根据客户需求,针对性地列举分析产品的特点(F)与优点(A),转化成客户所需要的效用与利益(B),以效用价值(B)来满足客户需求利益,促使他情不自禁地感受到:"啊,这正是我所需要的……"

在介绍产品的时候,按照下图所示的顺序来说,客户会更容易懂,容易接受,见图 4-2。

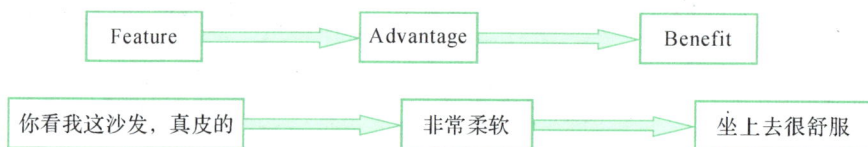

```
┌──────────┐      ┌──────────┐      ┌──────────┐
│ Feature  │ ===> │Advantage │ ===> │ Benefit  │
└──────────┘      └──────────┘      └──────────┘

┌─────────────────┐   ┌──────────┐   ┌──────────────┐
│你看我这沙发,真皮的│==>│ 非常柔软 │==>│ 坐上去很舒服 │
└─────────────────┘   └──────────┘   └──────────────┘
```

图 4-2 FAB 表述逻辑图

案例导引 4.6 　　　　　**厂家业务员的表述**

某超市采购经理:"我们对食品安全有严格要求。"

某厂家业务员:"那当然啊,人命关天嘛!这种饮料密闭包装、无菌灌装,保质期12 个月,肯定可以在保质期内一扫而空的。"

采购经理:"可是,这么长时间,能够保证口感纯正、地道吗?"

业务员:"请十万个放心。本饮料由纯天然果实、植物提炼而成,外加无菌利乐包装,可以确保 2 年内都口感纯正,何况 12 个月的保质期呢?"

【即问即答】

(1)采购经理的需求以及业务员表述中的 F、A、B 各是什么?

(2)需求与属性是怎样相互关联在一起的。

生活中经常发生婚姻不幸的故事——"两个好人在一起,却一直不和谐,等孩子长大后选择分手"。为什么会这样?

可能的原因是:他们都在自以为是地付出,却以自己的方式而不是据对方需要的方式;太执着地用"自己"的方法爱对方,而不是用"对方希望"的方式;因此,自己累得要死,对方却还感受不到。于是,双方都觉得很累、没有爱,最终结束了婚姻。

这就是不懂得运用 FAB 法则的结果。以自己喜好的方式去行为,往往得到不理想的结果。生活中的"黄金法则"(内容是要爱别人)失效了。

因此,生活中要运用 FAB 法则,启用"白金法则",即:别人希望你怎么对待他,你就怎么对待他,即以别人希望的方式来对待别人。

案例导引 4.7 　　　　　**不同待遇**

酒店营销部为了保留老客户,开拓新客户,要求总台协助留下每一位入住的客人的联系电话,以便建立客户资料库。

某天,总台小王和小刘在办理每一位客人登记入住时都非常礼貌地要求客人留下联系电话。但是小王屡遭客人拒绝,而小刘却基本顺利地留下了每个客人的联络方式,于是小王与小刘在空闲时进行了交流。小王说:"我都有礼貌有微笑跟客人讲:'××先生,您可以给我们留个联系电话吗?方便我们酒店给您留个客史。'可客人都不愿意留,说:'我想来住的时候会打电话给你们的,不用留。'客人好像不希望我们留他电话到时候打搅他。"小刘说:"因为现在很多商家为了推销产品,都会不择时段地去打电话打搅客人,我也经常会接到类似的推销电话,这一点我比较有感触。在向客人索取联系电话之前我就已经考虑到这一点了,所以我都是这样跟客人讲的:'先生,请您在住宿单上签名确认房价,并麻烦您留下您的联系电话,我们会为我们的常客设置专门的客史档案,当酒店有比较实惠的促销活动时,我们会优先考虑我们的常客并及时电话联系您,而且如果您不小心在退房时遗漏了物品在酒店客房内,我们也能第一时间通知到您。'因为我说的是为客人好的话,如果我听到这样的话,我也会愿意留电话。"小王终于明白了,原来他没能从客人的需要出发去考虑问题。

FAB 利益表述大致可以这样描述:真正了解客户需求→调整我们的思想与行为→以客户认为最好的方式而非自己认为好的方式和客户沟通→客户需求得到满足与达成利益→客户同意。

【课堂实训】参照图 4-2 所示的方法,向客户介绍你酒店的服务

酒店服务	Feature	Advantage	Benefit	最终效果
住宿				
餐饮				
康乐				
……				

(三)用推广工具来支持和证明

在 FAB 利益表述中,必须要用资料、图片、证书、介绍信以及产品演示等来支持与证明表述中的特点、优点、效用价值,增加客户利益达成的可信度、权威性。

比如:"王总,请放心来我们酒店开公司年会,我们承办过许多大型会议,比如西博会、阿里巴巴公司的年度颁奖大会……"

在举证时须注意下述事项:

(1)所举证的资料要完全针对需求点与所分析的特点、优点;

(2)资料要完整无缺与整洁,要熟悉资料;

(3)手掌与手指务必干净,用笔辅助讲解;

(4)要坐在适当的位置；

(5)最好是直接地演示产品。

　　　　　　一种有效的方式

立威是某办公设备公司的销售人员,他常用的一种销售方式非常有效。在见到准客户的时候,立威先介绍自己、闲聊两句,然后打开公文包,里面装着事先拆散的传真机。打开包时,他装作无意中让传真机从一米高的地方掉到地上。这让客户很吃惊,一下子吸引了客户的注意力。立威捡起地上的部件,开始组装产品,同时继续介绍产品。五分钟之后,机器装好了,立威也介绍完产品特点,这时立威用传真机发一份文件,证明掉在地上对产品没有造成丝毫损坏。客户大都深深地记住了立威精彩的"演示",只要有需要,一般都会购买他的产品。

【即问即答】

这时立威运用的推广工具是什么?

(四)核实确认

1.复述客户的需求与意见。

例:"我再总结一下,您的要求是……,这是很独到、很有创意的。"

2.强调产品、服务或观点对客户的利益价值。

例:"对此,我们建议 A 方案。A 方案将帮助你实现……"

3.达成确认。

例:"刚才我们的商讨的内容与我们的共识是……对吗?"

四、FAB 表述的注意点

(一)按照步骤进行表述

表述过程应按照规定程序展开,对每一步骤都要做充分准备,并按照实际情况突出重点。

(二)保持积极心态,运用积极语言

1.最重要的是保持积极心态:一切以客户为重、念着客户利益,让客户有效地明白能得到的利益;牢记服务理念,我们的职责是为了通过服务与产品满足客户需求;自信,相信"产品"与自己能够有效地满足客户需求,具有最高的性价比。

2.运用积极词语来陈述。

尽可能运用"容易、价值、证实、结果、至关重要的、信任、事实"等积极用词,避免运用"失败、伤害、花费、但是、付出"等词语,养成良好的语言习惯。

比如:"这是一套功能非常完整的电脑系统,性价比也很合理。"

相对来说,比较消极的表述是"价格虽然很高,但这套电脑系统的功能很完善"。

【课堂训练】在下面的表述中,哪一种是积极语言陈述?

(1)这是一套很好的衣服,但量身订做就需要多等几天。

(2)这是一套很好的衣服,我们可以但量身订做,确保合体,只要 10 天就可以做好。

3.运用有感染力的声音语言与身体语言。

(1)说话自然,声音坚定有力。

(2)表述中尽量运用语调、速度、语言等三方面的变化,让声音富有感情、让语言动人。总之,让表述富有激情。

(3)运用积极反馈,以身体语言来与客户心灵交融。

(三)善于运用外部事物动手实践

1.善于借助工具与外部资源来支持介绍,利用工具来做示范、利用数据与资料来做见证以及寻找外援来做证实与支援,有机结合。

2.让客户参与讨论并亲身体验。

能力训练

实训 1:前台表述模拟训练

情景:在前台,客人犹豫不定,不知要选择什么类型的住房。此时,作为服务员的你如何表述?

实训目标:训练与考核学生的询问力、表述力,考核亲和力、属性判断的掌握水平,以及肢体语言与身体语言的运用素养。

实训内容:接待客人,有亲和力地询问、聆听、表述。

实训步骤:接待客人→询问→聆听→表述……点评→纠正性实训→撰写实训报告。

实训 2:餐厅服务员的菜品介绍

情景:在餐厅,客人点菜时犹豫不定,拿着点菜单的你,如何表述?(通过询问、表述观点、促其下决定)

实训目标:训练与考核学生的询问力、表述力,考核亲和力、属性判断的掌握水平,以及肢体语言与身体语言的表现素养。

实训内容:接待客人,有亲和力地询问、聆听、表述。

实训步骤:招待客人→询问→聆听→表述……点评→纠正性实训→撰写实训报告。

实训 3:把课程销售给王总

情景:到××公司销售《客户沟通技巧培训》(或商务礼仪培训)课程,拜访该公司总经理王先生。

实训目标:考核与训练学生的FAB表述力,考核学生对FAB原则的理解与掌握水平,训练学生的心理素质、肢体语言与声音语言的表现力。

实训内容:一对一沟通,时间限定为5分钟。

实训步骤:身心准备→敲门→……→询问→聆听→表述……点评→纠正性实训→撰写实训报告。

实训4:演讲型课程销售

情景:到××公司销售《客户沟通技巧培训》(或商务礼仪培训)课程,你要在小会议室向公司人力资源总监、培训总监、相关部门经理、部分老资格员工、感兴趣者约20人系统介绍培训课。

实训目标:考核与训练学生的FAB表述力,考核学生对FAB原则的理解与掌握水平,训练学生的心理素质、肢体语言与声音语言的表现力。

实训内容:到讲台上,面对同学们作演讲销售,时间限定为10分钟。

实训步骤:上台→……演讲……→点评→纠正性实训→撰写实训报告。

思考与练习

一、应知知识练习

1.在与服务员的沟通中,客户关心的是什么?

2.为客户介绍产品要遵循什么原则? 重点讲什么?

3.怎样理解FAB法则? 举例说说,在生活中你一般是怎么来推销你的建议方案的?

二、应会能力实训

1.分析、描述下述事物或产品的属性。

(1)望湖宾馆。

(2)外婆家饭店。

(3)千岛湖。

(4)浙江经济职业技术学院(或其他高职院校)。

(5)《客户沟通技巧》培训课。

(6)在杭州吴山东面的60平方米的老房子。

2.针对下述情景模拟角色,进行FAB表述。

情景1:在前台,对不知要选择什么类型住房的客人,与他沟通表述,促其心动。

情景2:在餐厅,客人点菜犹豫不定,拿着点菜单的你,如何对客人说?(通过询问,再针对性提建议,促客人下决定)

情景 3:到矩阵航空公司销售《客户沟通技巧》培训课程,拜访公司李总经理。

情景 4:应聘酒店服务的前厅领班岗位,作应聘介绍。

情景 5:应聘业务销售工作(或行政助理、仓储管理),作自我介绍陈述。

情景 6:在手机门店,客户表示"想要一部小巧美观有档次、能直接 QQ 并视频的手机,送给女朋友做生日礼物"。此时,根据客户要求,你再作产品推荐介绍。

知识拓展

对客户进行表述时,如果客户提出异议,再进行正面说服就没有什么效果了,此时需要侧面迂回,比如运用"引导"、"提示",会有很好效果。

一、引导

承认与运用客户的价值观(他看重的要素),结合客户的人格模式,提供另一种思维方式,引导客户按照另一种思维路径得出不同结果,从而促成决策。

使用的场合:已经与客户建立了一定的亲和关系,客户有了较明确的需求,但还是难以权衡,因为表面上"付出"较高而难以下决心的时候。

例 1:客户:"啊呀,你这套设备价格太高了。"

分析:其实客户考虑的是成本问题,所以思路应该转到以总成本、使用时期来计算平均成本。

故可以如此沟通:

"其实咱们要的是成本的节省:一次性付出虽然是高些,但我们设备的稳定性与单位能耗低,综合起来的总成本其实是低于行业平均水平的,所以才是真正低廉啊!"

例 2:客户:"你们机器的生产速度慢。"

分析:其实客户考虑的是长期的使用效果而非一时速度表现。

故可以如此沟通:

"现实情况确实是生产速度慢,但我们产品的特点与优点是稳定性高,一次性通过率高,产品几乎没有次品与返修品,也没有维修停顿,所以从总体来看,我们的生产速度要大大高于行业平均水平。"

二、提示

一般来说,客户的决策逻辑是:作出购买决策时考虑几方面因素→对若干因素进行重要性排序→对若干方案依据因素的重要性(权重)进行比较→选择方案。

所以,只要知道影响或控制客户的权衡决策因素与权重,就可以通过适当的方式影响客户的最终抉择。

(一)提示的概念

提示就是根据客户情况提供几方面的购买因素与权重给客户作参考建议,即提供决策要素。这也是一种潜意识运用,使客户在不知不觉中受到建议的影响,按照他人思路进行决策。

(二)提示的作用

1.让客户没有压迫感,因为是在看似没有目的的情况下提供决策建议。

2.一旦影响了客户的思维或客户接受了其决策建议,则决策已定。

(三)提示的方法

1.把自己定义为客户的顾问与咨询人员,站在客户的立场上为客户着想。

2.客观分析客户情况,帮助客户找出抉择的理由与决策因素(3~5个)。

当然,建议的抉择理由与决策要素一定是自己产品所具有的属性(特性与优点),或是与自己产品(或观点)属性紧密关联的。

3.离开前给客户的最后一句话是"不管怎样,你最须关注的是……"

例如:"不管怎样,你的最大优势(最擅长的)是……,所以你最重要的考虑应该是……"

这样一来,结果自然就是:我们酒店环境幽雅、会务条件最好,而且方便、总费用也不高……,所以客观而言,选择我们酒店承办年会是贵公司最合适、最气派、最……的选择。

案例1:男孩心仪身边一位"野蛮女孩"

男孩比较大度、细心,比较宽容甚至欣赏一位大大咧咧的"野蛮女孩",他平时与这位女孩打打闹闹,但对其爱护有加。该"野蛮女孩"完全没有察觉,所以男孩认为需要提醒女孩,需要让她自己先有想法。如何让女孩先有想法?该男孩是这样提示她的:

"你这种暴力、粗直的性格,谁受得了? 为你将来幸福考虑,建议你找一个大度、有耐心、会欣赏你这种野蛮品性的大哥哥。会有的。不过要留心啊,发现了可要珍惜!"女孩照此思路去思考,结果会是什么?

案例2:推销冰箱

在杭州,客人购买冰箱时,"华日"冰箱柜台服务员很诚恳地说:"买冰箱的钱是大数目,当然要谨慎,我作为消费者也这么想。关键是怎么比较,考虑什么因素。大家都说自己的好,实在是不好判别,其实还是有几个关键因素可以重点考虑的。你知道现在冰箱的技术已经比较成熟了,各个厂家的产品都差别不大,有区别的可能是这几个方面:①用材,是铜管还是合金;②服务,是代理还是厂家直销;③厂家是专业造冰箱还是附带,这决定了研发力度、生产与服务的专业程度;④技术上是否细腻,如门关得是否合缝……""客观地说,华日冰箱的表现还是非常优秀的。比如:①华日用的是铜管;②华日公司就在杭州,有问题的话,厂家的工程师会亲自登门处理,比较靠谱;③华日公司专业做冰箱,不像别的公司什么都做,而且华日做冰箱已经20多年了;④高手比的是细节,我们的技术是很细腻的,你看华日冰箱的门是无论怎样关都能够关紧的。"此时,客人虽然表面上不置可否,甚至故意挑刺,表现出不以为然地离开,但其实心中已经完全认同。当客人转到别的柜台时,就会以这几个要素来考核、权衡、挑剔其他品牌的冰箱了。如此,最后结果自然是选择了"华日"。

一流企业卖"标准",二流企业卖品牌,三流企业卖产品。销售标准最高效!这就是提示在现实生活中的有效运用。

模块五　促成力

情景活动 5.1

班级准备外出野营活动,同学们纷纷出谋划策,关于活动内容,有的提议"九溪十八涧烧烤"、有的提议"大清谷素质拓展"、有的提议……关于活动时间,有的说"下周六"、有的要求"五一节",有的提议……你作为组织委员,最后如何较有效地获得一个统一的意见呢?

案例导引 5.1　　　　　　　**马丽特的领位**

马丽特是某饭店咖啡厅的领位员。咖啡厅最近比较繁忙。一天中午,马丽特刚带几位客人入座回来,就见一位先生走了进来。

"中午好,先生。请问您贵姓?"马丽特微笑着问道。

"你好,小姐。你不必知道我的名字,我就住在你们饭店。"这位先生漫不经心地回答。

"欢迎您光顾这里。不知您愿意坐在吸烟区还是非吸烟区?"马丽特礼貌地问道。

"我不吸烟。不知你们这里的头盘和大盆菜有些什么?"先生问道。

"我们的头盘有沙拉、肉碟、熏鱼等,大盘菜有猪排、牛扒、鸡、鸭、海鲜等。您要感兴趣可以坐下看看菜单。您现在是否准备入座了? 如果准备好了,请跟我去找一个餐位。"马丽特说道。

这位先生看着马丽特的倩影和整洁、漂亮的衣饰,欣然同意,跟随她走向餐桌。

"不,不,我不想坐在这里。我想坐在靠窗的座位,这样可以观赏街景。"先生指着窗口的座位对马丽特说。

"请您先在这里坐一下。等窗口有空位了我再请您过去,好吗?"

【即问即答】

马丽特在客户沟通中的话语有什么特点?

"没有射门,哪有进球?"

"没有促成,哪来成交?"

本模块介绍促成力的概念、心动信号判断、促成方式等,学习目标如下:

■ **学习目标**

【知识目标】

1. 理解促成力的概念、促成的重要性。

2. 了解客户的心动信号及表现方式。

3. 了解促成的若干方法。

【能力目标】

1. 能初步判断客户的心动信号。

2. 会初步正确地进行促成。

项目一　促成力概述

理论知识

一、促成力的概念

在前台服务、餐饮点菜、大堂咨询、电话咨询、礼品购物等酒店客户沟通中，经常出现前期沟通得挺顺畅，但需要最后"临门一脚"的情况，向客户提出决定要求并成功实现目的能力就是促成力。

案例导引 5.2　　　　矿泉水销售员与家庭主妇的对话

销售员："夏天到了，自来水供应正常吗？水质如何？"

家庭主妇："供应不正常，水质也不好。"

销售员："如果有一种既纯净又有保健功能的饮用水，你会接受吗？"

家庭主妇："可以考虑。"

业务员："如果我们每周两次送水上门，既经济又很方便，这样的服务方式你会满意吗？"

家庭主妇："很好啊。"

业务员："那你先来多少？"

家庭主妇："那我就先定三个月的用量吧。"

【即问即答】

(1)"那你先来多少？"这句话有什么功效？

(2)该案例对你有什么启发？

因为心境与技巧运用水平的缘故,不同的人在客户沟通中实施促成取得的效果有很大差异。

二、促成的重要性

相关的调查表明,在即将达成一致的沟通中,如果双方都没有主动地提出要达成协议,结果会有约 60％的沟通最终以没有达成协议而告终。因此,服务员如果不适时地主动提出成交要求,很多时候不能自然地达成合作。这就如同足球运动员好不容易把球从后场传到中场、过了对手传到了前场,却呆在门前不射门,结果不得分。

所以在大多数情况下,不促成则不成交。促成决定着能否顺利成交,促成的水平决定着成功率。而且,若不成交,将会加大客户流失的概率。

能力训练

实训 1:前台接待中的促成训练

情景:通过询问与表述,客户对 405 房及 306 房都挺满意的。此时,如何沟通可使客户下最后决定?

实训目标:考核学生对促成的理解、对非语言符号的运用以及亲和力。

实训内容:针对情景,初步进行促成训练。

实训步骤:服务员核实确认→观察客户表情与肢体语言→促成→点评。

项目二　心动信号判断

理论知识

一、心动信号

当客户感觉到需求能够被满足,进而产生拥有产品或接受观点的愿望时,只需稍作建议,客户即可接受,这种心理状态就是"热纽",这时是最适于促成的时刻。此时,客户会传递出很多的信息,这就是客户的心动信号。

客户心动信号分为口头信号和非口头信号,口头信号通过词语表现出来,非口头信号即身体语言表达的信号。

(一)口头心动信号

1.质疑、怀疑、疑问

例:"怎么那么贵?能不能打个折扣?"

"真有这么好吃吗?"

"这会不会是故障呢?"

2.询问

例:"送早餐的吧?"

"通过什么途径送货的?"

"保修期多长?"

3.肯定的语词

例:"听你介绍,听起来不错嘛。"

"关于会务承办,你再给我好好讲讲你们的情况……"

(二)非口头心动信号

1.前倾或者身体状态有所松弛

例:身体向你的方向前倾或者不断地向你移靠。

一阵紧张后,身体顿时松弛下来。

2.表现出愉快的神情

如:表现出轻松愉快的神情。

点头,对你说的表示同意。

脸颊微微泛红。

3.目光变化或专注的眼神

例:目光发亮。

专注地阅读说明书。

4.手脚做出重复的系列动作

如:坐着的时候把交叉的双腿放开来。

向后退几步,再向前拿起产品并称赞。

拿起订货单。

二、心动判断

判断客户是否心动,取决于服务员或业务员的直觉与经验积累,这需要学习技巧并实践。

判断客户的心动信号有若干途径,包括观察客户的文字信息、语音语调、身体语言变化以及通过询问来试探客户的回应。

(一)观察客户身体语言的变化

1.观察面部表情

如:(1)环顾四周,忽然凝视你。

(2)认真听你讲述,几次询问后,轻松下来,面露微笑。

2.观察客户的动作

如:(1)客户反复看样品,询问品种是否齐全、品质如何。

(2)客户拿出一个计算器或是在纸上计算。

(二)仔细分辨客户说话时的语音语调变化

仔细聆听客户说话时的语音语调,发现其语气、语速、节奏、音量等方面的变化。如声音表现出热情、语速加快等,一般是心动表现。

(三)聆听客户言谈内容

如:(1)连续仔细地询问有关情况,如环境、内部条件、康乐、早餐、交通等。

(2)一直随声附和的客户忽然询问起了售后服务情况、结账期、送货方式等。

(3)反复地讨价还价。

大多数时候,客户在价格、服务、质量方面与服务员或营业员纠缠、追问不停,一般是好事,这说明客户有心购买,因为"嫌货才是买货人",只需稍稍作出让步即可成交。客户沉默不语,对你的表述不表态、也没有疑问,反而是不祥之兆,说明客户没有考虑过购买产品,甚至没有用心听你介绍。

(四)通过询问或建议来试探客户的回应

在回答客户询问与介绍产品情况后,即可询问客户是否满意或建议客户选择方案,以此等待客户反应,判断客户的真实想法。

如:(1)"您还有别的要求吗?"、"您对刚才所介绍的客房满意吗?"

(2)"那么您看,咱们就定405房或是306房?"

【即问即答】

客户眼睛四处瞄着,同时说"啊,不错不错",这是什么意思?

能力训练

实训1:判断下面的客户是什么心理

(1)在介绍过程中,发现客户表现出神经质的举动,如手抓头发、舔嘴唇、面色微红、坐立不安。此时客户的心理是:＿＿＿＿＿＿＿＿＿＿＿＿＿＿＿＿＿＿＿。

（2）当服务员对酒店住房各种类型、各种设施、各种价格情况等详细介绍时，客户身体微微前倾、低头倾听。此时客户的心理是：_____。

实训2：角色扮演

情景1：一位游客玩得非常劳累只想找间便宜旅舍休息，但找了几家都价格不菲。转到一家简朴的旅社，到服务台询问，服务员回答说"非常幸运，你要的刚好还剩最后一间。"

表现此时客人的身心状态。

情景2：在银泰商场，一件皮衣很有品位，可价格竟达8800元。

表现客户此时的身心状态。

实训3：列举来酒店的客人的各种状态

情景1：客人在前台与服务员沟通，对客房介绍比较满意。此时客户会表现出哪些状态？

情景2：在餐厅点菜，服务员报了几个菜，客人都不满意。此时客人会表现出哪些信号？

项目三 促成方式

案例导引5.3   **麦当劳餐厅的最佳员工**

有一名在麦当劳工作的服务员，他的营业额总是名列前茅，他的照片总被贴到最佳员工的位置。大家都很奇怪，想知道他成功的秘诀。在一次经验交流会上，这名服务员告诉了大家一个技巧。顾客来餐厅消费时往往比较明确地点某种汉堡或某种套餐，但是对于饮料，却往往不那么明确地点明是要中杯、大杯还是小杯，而只是说一杯可乐或一杯牛奶。面对这种情况，他便问顾客："您要大杯还是中杯？"结果他发现竟有70%的顾客会在这两个里面选择，而很少有顾客主动地提出要小杯。这样一来，他的营业额自然就提高了。

【问题与思考】

（1）该案例对你有什么启发？

（2）还有哪些促进交易的方法？

理论知识

"心动就要立刻行动！"

当客户表现出心动信号，就要毫不犹豫地恰当方式来尝试成交。行动基于心理状态，作为服务员或业务员，就要调整心理状态，让自己处于积极心境，以自信、热情、主动并且符合客户人格模式的方式来促成交易。

一、积极心理建设

树立积极观念,激发自信、热情并主动,这是有效的促成所必需的。

(一)树立积极观念

当客户产生心动信号,其此时心意是:我心已动(我的心已被你的产品、观点打动了),我准备决定购买或接受了,不用再讲了;可是让我主动提要求,又好像开不了口,如果你"强迫"一下,我就好顺水推舟或者半推半就地接受了。所以,此时销售人员或服务人员要积极鼓励客户,好促其作出决定。

(二)充满自信与热情

自信心是可以传染的。自信的态度是服务员或业务员有效施展技巧的必要条件,如果没有自信心,再好的技巧也产生不了效果。同时,连同自信产生的热情、主动的非语言信息,结合恰当的促成文字,则可以收获客户承诺并签单(成交)。

(三)主动

让客户主动地说出"我要……",这是很勉为其难的。不要等待客户亲口向你索要订单或提要求"我要……",也许你能等到,也许你永远都等不到这一刻的到来。如果已经观察到客户的心动信号,就要主动递上订单,进行促成。记住:服务工作或销售行为中不可表现出矜持!况且,竞争对手虎视眈眈,他们可不会矜持,他们会抓住机会采取各种方法使客户动心。

此时不能犹豫,当介绍完酒店情况,而且客户没有什么问题时,就应该主动地尝试成交。

二、尝试成交

有效地尝试成交,需要有力度的语言表达、适合客户人格模式的促成方式。

(一)有力度

附着于文字信息的声音语言信息、肢体语言信息对于沟通效果起着决定性的作用。有气无力、低声犹豫、眼光游离地向客户提建议,客户自然也犹犹豫豫,没信心下决定。自信有力、热情爽亮的声音再加以赞赏性的眼光交流,可以有效地促进客户下定决心。

(二)适当的成交方式

一般来说,获取客户的认同决定有不同方式,具体怎么用、什么时候用,须根据不同客户、不同场合,结合客户的态度来灵活掌握。促成方式有很多,这里介绍沟通实践中最常用的九种：直接式、摘要式、比较式、初步式、特卖式、选择式、想象式、胁迫式和假设成交式。

1.直接式

直接提出成交要求。这种方式简单易行，但有一定风险，若遭遇否定回答则失去了机会。一般对力量型客户比较适用。

例："那么，咱们就住 405 房间吧。"

"这是一份 1000 单的合约，王总您过目一下，觉得可以的话，请在这里签字。"

2.摘要式

将前面讨论过的问题再复述一遍，特别是对客户感兴趣的部分，然后再尝试促成。

例："概括来说就是：第一，……；第二，……；……这正是您所需要的。那么我们就这样定下来吧。"

3.比较式

通过和客户的同行作比较或者是和同类商品作比较，利用客户的攀比心理来获取客户认同并做出决定。

例："B 商店销售我们的产品有一段时间了，情况非常不错，您何不也进一点试销一下？"

4.初步式

以小批量的交易作为开始，因为它对客户的影响不大，所以容易取得承诺，并打开突破口。

例："您先住一天看看吧，假如感觉还挺好，那就不妨多住几天。"

"先进两箱销销看，如果销售好的话就再多进，怎么样？"

5.特卖式

利用客户希望得到优惠而害怕失去优惠的心理，利用该产品正在做促销或搞特价来说服客户相信现在是购买的最佳时机，否则机会丧失且利益遭受损失。

例："本周我们酒店店庆，所有服务 6 折并附送 VIP 卡，机会难得。你们的活动定在我们酒店是很明智的。那就这么定下来？"

"现在我们正在促销，优惠力度很大的，机不可失啊。来多少？"

6.选择式

给顾客以多种选择的引导式方法，这是一种潜意识说服的有效方法。

例："先生，您看，您是要单人房呢，还是标准间？"

"希望我们什么时候送货呢？下周一上午还是下周二下午？"

7.想象式

通过提一些想象式的问题来激发客户想象购买与拥有产品后的美好图景或相反的恐惧图景,从而激起"购买"欲望的促成方式。

例:"万经理,想象一下,接受了这次培训之后,您公司(部门)的销售业绩增长会是怎样地令你的同行与领导惊讶和惊喜啊! 那是怎样的效果啊! 您觉得安排什么时候合适呢?"

8.胁迫式

陈述不利于客户的情景,向客户施加影响的一种促成方式。但这种方式不宜多用,一般在客户非常渴望但仍然犹豫不决,或自己也无所谓的情况下使用。

例:"跳楼大出血,最后一天啊! 不买别后悔啊!"

"就剩这两款了,而且安佳公司的老李明天要来取一款,你要选哪一款?"

9.假设成交式

当客户发出的购买信号并不十分强烈,此时服务员可以假定客户已经决定了购买某种产品,然后针对某些细节情况进一步询问客户意见,从而取得客户真实反馈的一种促成方式。如客户有意的话,会随着你的思路考虑细节问题并就细节问题进行商讨;如遭否定,则可以明白客户其实还没有下定决心,因而发现沟通中存在的问题或异议。

例:"王先生,你看先给你登记几天呢? 是一天还是三天?"

"购买该空调还有礼品送。附送的小礼品,您是选择空调罩还是电源插座?"

【即问即答】

你生活中喜欢用哪几种促成方式? 为什么?

案例导引 5.4　　　　　　　　　**及时促成交易**

某办公用品销售员到某办公室去销售碎纸机。办公室主任在听完产品介绍后摆弄起样机,自言自语道:"东西倒是挺合适,只是办公室这些小青年粗手粗脚的,只怕没用两天就坏了。"销售员一听,马上接着说:"这样好了,明天我把货运过来的时候,顺便把碎纸机的使用方法和注意事项给大家讲讲,这是我的名片,如果使用中出现故障,请随时与我联系,我们负责维修。主任,如果没有其他问题,我们就这么定了!"

【即问即答】

(1)这位销售员使用了什么促成方式?

(2)试用另一种方式来进行促成,并进行演示。

能力训练

实训 1：前台接待服务中的促成训练

情景 1：客人对服务员建议的 505 房与 606 客房都挺满意，但有些犹豫，定不下来。此时，服务员应该怎么做？

情景 2：客人点菜，对鲫鱼的做法是红烧还是清蒸犹豫不定。此时，服务员应该怎么做？

实训目标：进一步训练与考核学生对促成技巧的理解与运用。

实训内容：各组同学分成若干对，每对 2 人，扮演服务员与客人，在小组内先模拟演练，然后每组选一对上台演练，同学们对其进行点评。

实训步骤：服务员询问与介绍、客人询问与回答→服务员聆听与观察客户→进行促成→同学点评→纠正性演练→老师点评与示范→纠正性演练→撰写实训报告。

实训 2：模拟角色扮演"促成"

情景：太白金星夸耀天庭战马大总管"弼马温"是一个多么重要而不易得的要职，孙悟空被忽悠得有些晕乎乎了，想去玉帝那里报到，但心里又有些不好意思，怕被太白金星看出来而受到耻笑，所以忸怩着。此时，太白金星应如何有效促成？

实训目标：进一步训练与考核学生对促成技巧的理解与运用，并训练学生对非语言符号的运用。

实训内容：各组同学分成若干对，每对 2 人，分别扮演太白金星与孙悟空，在小组内先模拟演练，然后每组选一对上台演练，同学们对其进行点评。

实训步骤：角色扮演→点评→撰写实训报告。

思考与练习

一、应知知识练习

1.促成对客户沟通有什么意义？

2.客户的心动信号有哪些？

3.有哪些促成的方式？你喜欢运用哪些促成手段？

二、应会能力实训

1.下面的信号，表现了客户怎样的购买心理？如何应对？

(1)在听完服务员或业务员的介绍后，2 位客户对视，通过眼神来传递对你介绍的看法。

客户心理：_____;应对方法：_____。

(2)当经过多次的询问与解释之后,客户把前倾的身体靠向椅背,轻松地吐出一口气,眼睛盯着桌上的文件。

客户心理:＿＿＿＿＿＿＿＿;应对方法:＿＿＿＿＿＿＿＿＿＿＿＿＿＿＿＿。

(3)在听完介绍后,客户低垂眼帘,表现出困惑神态。

客户心理:＿＿＿＿＿＿＿＿;应对方法:＿＿＿＿＿＿＿＿＿＿＿＿＿＿＿＿。

2.单一促成训练

情景1:酒店服务员在前台接待旅客,在沟通交流后,客户仍有些迟疑,此时需要你帮他做个决定。

情景2:客户在商品部选购"西湖龙井茶",龙井茶品种繁多且价格不低,客户犹豫着。恰逢今日酒店店庆有8折优惠并赠送小礼品,业务员应当怎样促成客户购买?

训练要求:各组同学分成若干对,分别扮演服务员、业务员与客人,在小组内先模拟演练,然后每组选一对上台演练,同学们对其点评。

3.综合促成实训

情景:小赵是沙杭日用品化工产品公司的销售代表,这次带着公司最新推出的一系列适合各种发质使用的洗发露产品,去拜访本市一个大型超市的经理王某。目的是达到30000套上架,至少初步试卖3000套。

该洗发露的情况是:每套分为四种——清爽型、去屑型、柔亮型、舒适型,适合各种发质,其包装新颖大方、颜色亮丽。该洗发露请了著名歌星做形象代言人,并可能在超市做签名宣传活动,这令王经理很感兴趣。

由于刚投入市场,厂家制定的优惠政策是:一次性购买30000套以上的可以在批发价的基础上打9折,50000套以上的打8折。目前,沙杭日用品化工产品公司的产品在王经理的超市有一个专柜,各类日化用品的销量也一直居前列。小赵估计洽谈的分歧可能在送货时机上,因为已经快到周末了,超市比较难以准备货架以及库存,当然小赵对下周送货也是可以接受的。

问题与实训:如果你是小赵,当你拜访了王经理,详细介绍了产品的特性、优点,王经理显得很心动,此时,你将如何进行促成?试采用多种方法。

模块六　异议化解力

活动与案例

情景活动 6.1

让学生演绎话剧《扁鹊劝治蔡桓公》。

情景:扁鹊见蔡桓公,立有间,扁鹊曰:"君有疾在腠里,不治将恐深。"桓侯曰:"寡人无疾。"扁鹊出,桓侯曰:"医之好治不病以为功!"居十日,扁鹊复见,曰:"君之病在肌肤,不治将益深。"桓侯不应。扁鹊出,桓侯又不悦。居十日,扁鹊复见,曰:"君之病在肠胃,不治将益深。"桓侯又不应。扁鹊出,桓侯又不悦。居十日,扁鹊望桓侯而还走。桓侯故使人问之,扁鹊曰:"疾在腠里,汤熨之所及也;在肌肤,针石之所及也;在肠胃,火齐之所及也。在骨髓,司命之所属,无奈何也。今在骨髓,臣是以无请也。"居五日,桓侯体痛,使人索扁鹊,已逃秦矣。桓侯遂死。

案例导引 6.1　　　　成功改变预订

丽萨小姐是纽约某餐厅的电话预订员,她每天都有一些固定的客户,某些客户的桌位还是固定的。有一天,餐厅接到一个社会团体的年会预订,时间定在星期六晚上 7：00—8：30。这与一些固定客户的预订发生了冲突。为了争取做成这笔生意,同时又保证老客户的利益,餐厅决定让几个电话预订员紧急与老客户联系,商讨改时、改期或改地。

丽萨通知了自己的几个老客户,只有通知亨利夫妇时遇到了一些麻烦。

"亨利先生,您预订的在星期六晚上 8 点钟的晚餐,由于餐厅业务变动,需要更改时间,对此造成的不便我们将给您相应的补偿,不知可否?"丽萨在接通电话后问道。

"可是我已经通知了几个朋友,星期六晚上 8 点到你们餐厅去。要知道你们餐厅的信誉不错,我特意请了朋友去庆祝我的生日,所以预订时间不能更改。"亨利先生说。

"原来星期六是您生日,预祝您生日快乐。能不能换一个宴会厅,我保证给您营造一个良好的生日氛围。"丽萨热心地建议道。

丽萨在征得亨利先生的同意后,为他预订了小宴会厅的餐桌,安排了烤牛肉、火鸡、海鲜等美味佳肴,并免费赠送亨利先生一个生日蛋糕。

亨利先生对这次地点变更感到很满意。

在客户沟通中,遇到客户异议是很正常的,关键是要有效地化解异议。成功化解异议之后便是促成成交决定,不然就是客户拒绝。本模块介绍客户异议的概念与意义,指导学生学习化解异议的一般方法。

□ 学习目标

【知识目标】

1. 理解异议化解力的概念、异议化解的必要性。
2. 了解化解异议的方法、步骤。

【能力目标】

会进行一般的异议化解。

项目一　异议化解概述

理论知识

一、异议化解力的概念

在与客户交往的过程中,经常会出现波折,比如客户提出异议、抱怨、投诉甚至发生一些突发事件。在这种情况下,就有必要尽快地、有效地处理问题,否则问题会更加严重,客户会更加不满。

有效地处理问题、把客户异议化于无形的能力就是异议化解力。这项能力对于服务员具有极其重要的作用。说得好,异议就化解了;说得不好,不但不能化解异议,还会使异议激化。

二、客户异议存在的必然性

客户产生异议是很正常的,这有客户方面的原因,更有服务员方面的原因。

(一)沟通者之间心理方面的不契合

1. 客户心理:在"购买"服务或产品时,客户有自己的心理需求,除了具体的未满足的需求要填补而达成利益外,还有被尊重、表述意思与情绪的被理解、所表示异议的被认同以及自我保护心理等。

2.服务员心理:在与客户沟通的过程中,针对客户的需求与解释,服务员习惯于从自己所理解的角度展开介绍与建议,并坚持自己的观点,试图"说服"客户接受自己观点,甚至反驳客户以证明自己观点的正确性。

(二)一般沟通的结果

若服务员从自己角度来解释与说服客户,则沟通必定产生一种结果:双方缺乏契合,客户产生异议。若服务员还不从客户角度考虑问题、从客户角度进行解释,那么异议将难消除,甚至越来越大,最后双方不欢而散。客户感到"我的需求不被满足"、"我的人格不被尊重",而服务员感到"我的好心不被理解"、"我的热心被冷弃"、"我的好建议不被认识与接受"的委屈,甚至进一步加重了对于客户沟通的恐惧与迷惘感。

三、异议化解的必要性

有人际交往就会有异议,犹如道路中一定会有障碍。障碍去除后就会顺利通向目的地,同样,异议化解后,客户就会下决定,双方就会达成协议。所以,化解异议是达成有效沟通的必然环节,也是达成协议最后一个环节。只要异议化解,再加上适当地促成,则协议易于达成。

能力训练

实训1:案例分析

某客人带朋友去酒吧喝酒。服务员小张一直按要求提供规范服务,不断向客人倒软饮料,介绍酒的年份、酿造过程及产地,换毛巾,斟酒。同时不停地说"先生,请问绿茶冲兑得淡一点还是浓一点?""先生,请问您喝什么饮料,我们有各种鸡尾酒……?""打扰一下,为您换烟缸。""不好意思,打扰一下,为您换毛巾。"……后来,客人终于忍不住发话了:"你可不可以安静一点站在一边儿?需要服务我会吩咐你的。"

此时,小张的服务热情被突如其来的"冷水"浇得不知所措,一脸茫然地站在那里……

【即问即答】

(1)服务员小张在热情服务时的心理是什么?

(2)客人在喝酒时有怎样的心理要求?若服务员过度热情,他会有什么感受?

(3)服务员应该怎么做?

项目二　异议化解方法

理论知识

顾客是不可能"一说就服"的。在沟通过程中,客户会经常提出不满意见或不一致的看法,这就是客户异议。对此,须有良好的心理素质去面对,还要以有效的技巧去处理,化异议为同意,最终成交。

一、异议类型

客户的异议有许多种表现方式,其中典型的有:不关心、误解、怀疑、拒绝、提出反对意见等。

(一)不关心

当服务员或业务员向客户介绍产品或演示时,客户表现出一副满不在乎的架势,这可从其身体语言或者口头语言中表现出来。

身体语言:眯着眼睛、身体后仰、左顾右盼等;口头语言:缺乏兴趣、与我何干、我太忙了。

(二)误解

没有听清楚服务员或销售人员的表述和演示,或者在这个过程中误解了意思,因而产生异议。

如:销售人员介绍手机,并强调了手机是双屏的……之后,客户说:"单屏手机要揭盖才能看到来电号码,太麻烦了,我是不会考虑的。"

(三)怀疑

客户对产品的性能或品质等方面有怀疑。

如:"环境真有那么优美吗?"

"琳达,我觉得你说的 24 小时内送货是不太可能实现的。"

"上次你介绍的产品,听我同事说并不是那么回事啊。"

(四)拒绝

客户直截了当地表示对产品或服务不感兴趣。

如:"粤菜? 不要粤菜。"

"很遗憾,贵公司产品在本地没有多大市场,我们不能代理。"

"先放着,有机会会跟你联系的。"

（五）提出真实意见

当客户觉得产品有"缺陷"，并对此不满时就会提出"真实的意见"。

如："如果你们的电视机不仅能播放，还能同步录下正在播放的节目就好了。"

二、异议化解方法

面对客户异议，需要以积极的心理与有效的方法应对。

（一）积极心理建设

面对客户异议，很多人会产生消极心理，或者紧张地自我辩护，变成与人吵架，或者附和客户异议而随之怀疑产品。总之，此时如果不能够以积极心态面对客户异议，也就不能化解异议。

1.正确认识客户异议

（1）认识到："异议是沟通中的必然环节，是必须经历的。"

（2）认识到："沟通从遭到拒绝开始，异议是可以化解的。"

（3）建立信念："没有拒绝，只是尚未达成结果。"

2.积极重新定义

（1）"异议就是换一种方式再一次介绍的邀请。"

（2）"嫌货才是买货人。"

（二）有效化解异议

在进行积极心理建设的同时，服务员要冷静清醒，仔细观察，认真分析原因，想出有效应对措施。

化解客户异议的一般处理程序是：

积极心理建设→认同客户→探询问题与原因→从其他角度再一次解释表述、以更有力的工具证明→促成→……亲和力建设→……→重复沟通。见图6-1。

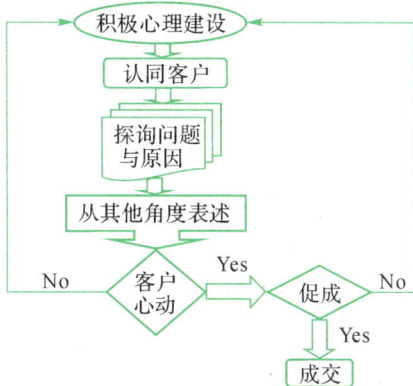

图 6-1　异议化解流程图

1.认同客户

对客户的异议决不能当场反对或否认,而是要表达同理心,要对客户异议表示关注、理解,只有这样才能建立双方的亲和关系,之后才有可能以理论与事实为依据来作进一步的沟通说服。这里的认同是心情上的认同,绝对不是观点、内容方面的同意。

客人:"你们的方案好是好,就是在费用上太高了些,不但比别家高很多,而且超过我们的预算太多了。我们单位也批不下来的。"

业务员:"王经理啊,你的心情我非常能够理解。谁都想节约费用,况且在金融危机的关键时刻。赚钱不容易啊。关于费用,我们应该这样考虑……"

2.探询问题与原因(使客户异议具体化)

通过观察、询问等方式使客户异议具体化,找出客户提出异议的真正问题,进一步探讨问题发生的原因,找出客户的真实需求。

"刚才我提出的方案,您觉得不合您要求的地方有哪些啊?"

"您对这款笔记本电脑有什么具体意见?在哪几个方面不满意?在性能、外观等方面有哪些更细致的要求?"

3.换一个角度解释

从其他角度再一次进行FAB表述,并以更有力的工具来证明。通过进一步询问真正找到客户的利益关注点所在,然后以与原来表述不同的角度来陈述客户可获得的利益,使客户清晰地认识到该产品或服务对其需求的有效满足,同时用各种资料、凭证来证明该产品对客户的效益价值。

如:"我们摊开来讲实在的,您对这款笔记本电脑最不满意的是什么?"

"……价格偏高啊。"

"啊,非常能够理解。是这样!这款笔记本电脑在性能、形状方面都很满足你的要求,因为它的质量是非常有保证的,后续的优秀服务、几年后仍然如新的外形……综合来看,每年所分摊的费用其实比其他电脑要低很多啊。"

或者运用"借力打力"方法:

如客户说:"我这身材穿什么都不好看。"服务员说:"正是因为这样,你才需要量身定做的服装,来修饰你身材不好的地方。"

如客户说:"我收入少,没有钱买保险。"业务员就说,"收入少才需要买保险啊,以便从中获得更多的保障。"

4.保持长期联系与跟踪服务,以保持和提升亲和力

在整个沟通过程中,亲和关系的建立与保持是永远必需的,无论是正反馈时还是负反馈时,甚至负反馈时更要保持热情联系,人毕竟是有情感的,感动与友情建立

在良好关系与热情服务的基础上。培养了与客户良好的亲和关系,何愁沟通不成呢? 此之谓:"生意不成友情在","此单不成还有下单"。

5.回到相应拜访阶段,重复沟通以激发"热纽"

客户沟通有四个阶段:亲和关系建设、察知客户需求、表述利益、促成。客户产生异议肯定是因为某个沟通环节没有处理好,所以就有必要从出问题的这个环节重新沟通。每一环节都可能出问题,举例如下:

(1)情景:客户采取公事公办的态度。

分析:服务员或销售员尚未与客户建立亲和关系,亲和力不足。

措施:回到亲和关系建设阶段,进行闲聊、同步沟通,以建立亲和关系。

(2)情景:客户应付说:"对不起,现在我实在没空!"

分析:客户没有兴趣,不愿意停下来花时间与你沟通。

措施:回到开场白阶段,通过闲聊来表述将给客户带来的利益和价值,让客户心动。

(3)情景:客户说:"对不起,我没兴趣。"

分析:没有找对客户的需求,表述没有让客户感受到利益和价值。

措施:回到察知心理需求阶段,真正了解客户的需求点、心动之处。

(4)情景:客户说:"这又怎么了"、"这与我何干?"。

分析:客户未感到你的表述对他有利益价值。

措施:回到表述阶段,运用FAB法则进行表述。

(5)情景:客户已经心动了,但你一直迟疑着……于是客户说:"那就下次再说?"你也只好回复说:"好的,那就下次再说吧。"

分析:客户没有得到成交邀约,因为你没有尝试促成。

措施:回到促成阶段,进行有效促成。

【课堂实训】

表6-1　面对客户的拒绝借口,你该如何应对?

客户的拒绝借口	你的应对措施
我要考虑考虑	
我们的预算经费不足	
我要和老板商量	
现在生意不景气	
你的价格太高了	
我不在意品质	
我还要和别家比较比较	

能力训练

实训1：指出下述情景哪里出了问题

情景1：在进行会务销售时，在听完了你关于场地、设备、费用等的介绍后，客户说："现在生意不景气啊，钱没以前好赚了，这得要请示老板。今天就先说到这儿?"

情景2：在进行会务销售时，客户从一开始就双手抱胸、后靠椅背，审视着你。

实训2：购物中有关价格"贵"的异议化解

情景1：酒店服务员在前台试图"说服"旅客住店，旅客说："怎么那么贵?"

情景2：在购物店购特产"西湖龙井茶"，介绍后客户说："怎么那么贵?"

实训目标：训练与考核观察力、异议化解力。

实训内容：各组同学分成若干对，每对2～3人，分别扮演服务员与客人，在小组内先模拟演练，然后每组选一对上台演练，同学们对其进行点评。

实训步骤：角色扮演→同学点评→同学上台演练→老师点评与示范→纠正性实训→撰写实训报告。

实训3：综合实训

触龙说赵太后

赵太后新用事，秦急攻之。赵氏求救于齐，齐曰："必以长安君为质，兵乃出。"太后不肯，大臣强谏。太后明谓左右："有复言令长安君为质者，老妇必唾其面。"

左师触龙愿见太后，太后盛气而揖之。入而徐趋，至而自谢，曰："老臣病足，曾不能疾走，不得见久矣，窃自恕，而恐太后玉体之有所郄也，故愿望见太后。"太后曰："老妇恃辇而行。"曰："日食饮得无衰乎?"曰："恃粥耳。"曰："老臣今者殊不欲食，乃自强步，日三四里，少益嗜食，和于身。"太后曰："老妇不能。"太后之色稍解。

左师公曰："老臣贱息舒祺，最少，不肖；而臣衰，窃爱怜之。愿令得补黑衣之数，以卫王宫。没死以闻。"太后曰："敬诺。年几何矣?"对曰："十五岁矣。虽少，愿及未填沟壑而托之。"太后曰："丈夫亦爱怜其少子乎?"对曰："甚于妇人。"太后笑曰："妇人异甚。"对曰："老臣窃以为媪之爱燕后，贤于长安君。"曰："君过矣！不若长安君之甚。"左师公曰："父母之爱子，则为之计深远。媪之送燕后也，持其踵，为之泣，念悲其远也，亦哀之矣。已行，非弗思也，祭祀必祝之，祝曰：'必勿使反。'岂非计久长，有子孙相继为王也哉?"太后曰："然。"

左师公曰："今三世以前，至于赵之为赵，赵王之子孙侯者，其继有在者乎?"曰："无有。"曰："微独赵，诸侯有在者乎?"曰："老妇不闻也。""此其近者祸及身，远者及其子孙。岂人主之子孙则必不善哉？位尊而无功，奉厚而无劳，而挟重器多也。今媪尊长安君之位，而封之以膏腴之地，多予之重器，而不及今令有功于国，一旦山陵崩,长安君何以自托于赵?老臣以媪为长安君计短也,故以为其爱不若燕后。"太后曰:"诺,恣君之所使之。"

于是为长安君约车百乘,质于齐,齐兵乃出。

(1)评价触龙的沟通艺术;

(2)各组同学分成若干对,扮演触龙、赵太后,在课后先演练《触龙说赵太后》,而后各组选派代表上台表演。台下同学进行点评。

实训4:运用寒暄闲聊、同步沟通,模仿《触龙说赵太后》中的沟通方法来演绎现代版的"扁鹊"说服"蔡桓公"就医。

实训目标:训练与考核学生的观察力、异议化解力与亲和力。

实训内容:各组同学分成若干对,扮演扁鹊、蔡桓公,在小组内先模拟演练,然后每组选一对上台演练,同学们进行点评。

实训步骤:角色扮演→同学点评→同学上台演练→老师点评与示范→纠正性实训→撰写实训报告。

附资料:《触龙说赵太后》的白话文翻译与点评

赵太后刚刚执政,秦国就急着进攻赵国。赵太后向齐国求救。齐国说:"一定要用长安君来做人质,援兵才能派出。"赵太后不肯答应,大臣们极力劝谏。太后公开对左右近臣说:"有谁敢再说让长安君去做人质,我一定往他脸上吐唾沫!"

左师触龙愿意去见太后。太后气冲冲地等着他。触龙做出快步走的姿势,慢慢地挪动着脚步,到了太后面前谢罪说:"老臣脚有毛病,不能快跑,很久没来看您了。我暗暗原谅自己呢。又总担心太后的贵体有什么不舒适,所以想来看望您。"太后说:"我全靠坐车子行动。"触龙问:"您每天的饮食该不会减少吧?"太后说:"吃点稀粥罢了。"触龙说:"我近来很不想吃东西,自己只勉强走走,每天走上三四里,就慢慢地稍微增加点食欲,身上也比较舒适了。"太后说:"我做不到。"太后的怒色稍微消解了些。

触龙说:"我的儿子舒祺,年龄最小,不成材;而我又老了,私下疼爱他,希望能让他递补上卫士的数目,来保卫王宫。我冒着死罪禀告太后。"太后说:"可以。年龄多大了?"触龙说:"十五岁了。虽然还小,希望趁我还没入土就托付给您。"太后说:"你们男人也疼爱小儿子吗?"触龙说:"比妇女还厉害。"太后笑着说:"妇女特别厉害。"触龙回答说:"我认为,您疼爱燕后就超过了疼爱长安君。"太后说:"您错了!不像疼爱长安君那样厉害。"左师公说:"父母疼爱子女,就得为他们考虑长远些。您送燕后出嫁的时候,握住她的脚后跟为她哭泣,为她远嫁而伤心,也够可怜的了。她出嫁以后,您也并不是不想念她,可您祭祀时,一定为她祷告说:'千万不要回来啊。'难道这不是为她作长远打算,希望她生育子孙,一代一代地做国君吗?"太后说:"是这样。"

触龙说:"从这一辈往上推到三代以前,一直到赵国建立的时候,赵王被封侯的子孙的后继人有还在的吗?"赵太后说:"没有。"触龙说:"不光是赵国,其他诸侯国君的被封侯的子孙,他们的后人还有在的吗?"赵太后说:"我没听说过。"左师公说:"他们当中祸患来得早的就降临到自己头上,祸患来得晚的就降临到子孙头上。难道国君的子孙就一定不好吗?这是因为他们地位高而没有功勋,俸禄丰厚而没有劳绩,占有的珍宝却太多了啊!现在您把长安君的地位提得很高,又封给他肥沃的土地,给他很多象征国家权力的器具,如果不趁现在这个时机让他为国立功,一旦您死了,长安君凭什么在赵国站住脚呢?我认为您为长安君打算得太少了,因此我认为您疼爱他不如疼爱燕后。"太后说:"好吧,任凭您指派他吧。"

于是触龙就替长安君准备了一百辆车子,送他到齐国去做人质。齐国出动了救兵。

从《触龙说赵太后》看说话艺术

开口说话,看似简单,实则不容易,会说不会说大不一样。古人云:"一言可以兴邦,一言也可以误国。"苏秦凭三寸不烂之舌而身挂六国相印,触龙循循善诱而救赵于水火。

1.总体是:察言观色,避其锋芒,问候家常,晓理循诱

"有复言令长安君为质者,老妇必唾其面"。面对此情此景,深谙说话艺术的左师触龙并没有像别的朝臣那样一味地犯颜直谏,批逆龙鳞,而是察言观色,相机行事。触龙避其锋芒,对让长安君到齐国做人质的事只字不提,而是转移话题。先问太后的饮食起居,接着请托儿子舒祺,继之论及疼爱子女的事情,最后大谈王位继承问题。不知不觉之中,太后怒气全消,幡然醒悟,明白了怎样才是疼爱孩子的道理,高兴地安排长安君到齐国做人质。

2.在沟通说服中可以充分运用的沟通艺术

(1)寒暄关心,缓和气氛

触龙反复揣摩太后的心理,选择了老年人都共同关心的饮食起居话题,先从自己脚有毛病(也许是假的)、不能快走谈起,以己推人,关心起太后的身体情况。别人发自内心的真诚问候,老年人同病相怜的真实感受,让赵太后冰冷的内心有了一丝感动,她无法拒绝触龙提出的问题,于是"色少解",和触龙交谈了起来。通过寒暄,紧张的气氛得到缓和,谈话有了良好的开端。

(2)共话家常,拉近距离

触龙和太后接上了话,此时还不能步入正题,因为谈话才刚刚开始,太后也只是"色少解",此时如果谈及人质问题,太后马上会翻脸不认人,必定会唾触龙满面。除了问寒问暖,怎样才能让谈话既显得合情合理,又能自然地引到人质问题上呢?

触龙于是想到了人性中最合乎人之常情的一面——求请安排孩子。自己虽然脚有毛病,太后虽然怒气冲冲,但为了孩子能有一个更好的将来,进宫求见太后,这

是非常自然的。因此,触龙和太后谈起了孩子,拉起了家常,无形之中拉近了两人之间的距离,并为进一步的谈话铺垫了很好的话题,事情向着触龙预先设计好的方向发展。

(3)铺垫话题,请君入瓮

应当说,触龙问候饮食起居、关心孩子,都切中了赵太后的心理,但最能打动赵太后的恐怕不是这些,而是触龙的一句话:"老臣窃以为媪之爱燕后贤于长安君"。孩子是娘的心头肉,做父母的谁不疼爱自己的孩子呢? 赵太后溺爱孩子,众人皆知,触龙从请托孩子谈起,欲擒故纵,故意诱导赵太后谈及"丈夫亦爱怜其少子乎?",从而自然引到赵太后疼爱孩子的问题上,这一对话深深地打动了赵太后。

(4)晓之以理,循循善诱

说话技巧再高,也高不过"理"字。触龙的话之所以能够让赵太后信服,愿意安排长安君到齐国做人质,关键在于他能够在动之以情的基础上,以理服人。谁不疼爱自己的孩子,爱孩子就要为孩子考虑得长远一些,就要让孩子有立身之本,不要仅仅依靠权势、父母。站在客观事实的角度,触龙循循善诱,旁敲侧击,明之以实,晓之以理,全部对话无一字涉及人质,但又句句不离人质。

迂回曲折之中尽显语言奥妙,循循善诱之余凸现事情必然。

项目三　投诉抱怨与矛盾冲突处理

理论知识

在与客户进行沟通的过程中,客户往往会有一些不满意的地方,这时,服务员应该在第一时间关注到客户的负面情绪,及时有效地处理问题。

一、投诉抱怨处理

对于客人的投诉抱怨,员工应根据一定的程序,认真、及时、正确、灵活地处理。处理投诉的一般程序如下:聆听→致谢或致歉→分析→协商→总结。

(一)倾听客户诉说

接待客户的投诉,要尽量避免在公共场所,首先应礼貌地引领客户到合适场所,请客户坐下,递上热茶,准备好笔和笔记本后,诚恳地请客户说明情况。听取客户投诉时,要认真、耐心、专注地倾听,不打断或反驳客人。用恰当的表情表示自己对客人想法的理解,不时地点头示意,必要时做记录,并适时地表达自己的态度,如:

"哦,是吗!"

"我理解您的心情……"

"您别急,慢慢说……"

如果接待的是容易激动的客户,受理者一定要保持冷静,说话时语调要柔和,表现出和蔼、亲切、诚恳的态度,要让客户慢慢静下来,这类客户平静下来需要2分钟左右的时间,接待人员一定要有耐心。

(二)致歉或致谢,安慰客户

当客户诉说完毕,首先要向客户致歉,然后感谢他的意见、批评和指教,随后宽慰,并代表酒店表达认真对待此事的态度。如:

"非常抱歉地听到此事,我们理解您现在的心情。"

"我一定认真处理这件事情,我们会在20分钟以后给您一个处理意见,您看好吗?"

"谢谢您给我们提出的批评、指导意见。"

有时候,客户的投诉不一定切实,但当客人在讲述时,酒店员工绝对不能用"绝不可能"、"没有的事"、"你不了解我们的规定"等语言反驳。

(三)及时了解事情真相

首先判断客人投诉的情况应由哪些管理者或哪个部门负责,将记录的原始资料提交给相应的管理者。负责处理投诉的人员,应立即着手了解事情的经过并加以核实,然后根据酒店的有关规定拟订处理办法和意见。

(四)协商处理

将酒店拟订的处理办法和意见告知客人。如客人接受则及时处理,如客人不同意处理意见,还需要和客人协商以便达成一致意见。对无权做主的事,要立即报告上级主管,听取上司的意见,尽量与客人达成协议。当客人同意所采取的改进措施时,要立即行动,耽误时间只能引起客人进一步的不满,进而扩大负面影响。

(五)事后分析总结投诉原因

处理完客人投诉,应把事情经过及处理意见,整理成文字材料,分类整理并存档备查。同时将问题进行分析总结,需由酒店方面调整的,则应立即修正,需要告知全体员工注意的,应及时予以强调,以便杜绝类似事件的发生。

为方便酒店员工正确对待与处理客人的投诉,以便达到快速而满意的结果,一般将投诉处理的整个过程概括为5个字,即"听、记、析、报、答"。这就是"聆听"、"记录"、"分析"、"报告"、"答复"。

二、矛盾冲突处理

只要有人际交往,就会有矛盾冲突,有矛盾冲突就必须要化解掉。在酒店中发生这类事情是不可避免的,而酒店是推崇"服务第一"、"客户是上帝"的服务性经营企业,对客户权益的全面尊重是必需的。在处理矛盾冲突的过程中,要运用"先情后理"的"太极"理念,坚持"客人总是对的"理念进行有效处理。

在具体实践中,行为步骤大致是:留面子→再理论→提建议。

案例导引 6.2 　　　　　　　　　**有礼、有理、有利**

一天晚上,天津某大饭店的酒吧内几个日本人围坐在一起,忽然其中一位醉眼蒙眬的客人拍着吧台用日语叫了起来。服务员小燕急忙走过去问个究竟。"你们提供的酒是假的,不是真正的日本清酒,请你给我拿真正的清酒来。"这位日本人满脸通红地嚷嚷着。"先生,请您息怒,我们这里的进口酒都是经过严格检查的,质量绝对有保证。请您看一看酒瓶。"小燕把原装的酒瓶拿给他看。谁知这位客人连看也不看就把酒瓶丢到地上,然后气呼呼地说:"我喝了这么多年的清酒,难道连真假都分不清吗?"无论小燕如何解释都不管用。最后,小燕找来了酒吧经理。

"先生,晚上好,我是这里的经理。谢谢您对我们酒吧的服务质量提出了宝贵的意见。我们的清酒确实是从日本直接进口的,为了维护饭店的声誉,我们尊重您的意见,明天我们就与日本方面联系,请他们帮助检验,检验结果一定让您过目,至于今天的酒水费暂时可以不收,等检验结果出来后再说吧。"酒吧经理对闹事的日本人提出了建议,日本客人觉得经理的话很有道理,便同意了。

客人临走时,酒吧经理又请他留下姓名和房间号,以便联系。

第二天,酒吧与日本公司进行了电传联系。经过烟酒进出口公司的检验,认定了清酒的质量合格,并拿到了检验结果。紧接着,酒吧经理与这位客人联系上,请他来看并告诉他,如果酒是假的,饭店将通过新闻媒体正式向客人道歉;如果酒是真的,那么一切费用包括检验费用和损失费用均由客人来付。

日本人听了酒吧经理的话,为昨天酒醉失态感到后悔,马上同意付款并向饭店表示歉意。

【即问即答】

在这一案例中,酒吧经理处理冲突时的有礼、有理、有利各体现在哪里?

能力训练

实训:对下述情况进行适当处理

情景:某天下午,某三星级饭店,一位女客人急匆匆从客梯出来直奔大堂口的玻璃旋转门。她一边走一边还在整理自己的背包。旋转门得到感应后缓缓地移动。突然,听见"砰"的一声,显然是那位客人撞在了厚厚的玻璃上。大堂经理小陈赶紧三步并作两步上去查看情况。女客人怒气冲冲地说,旋转门不正常,撞痛了她的头,丝袜也被钩破了。她要求小陈给她一个说法。小陈应该怎样处理？你试着演练一遍。

思考与练习

一、应知知识练习

1. 当客户提出异议时，你应该抱有怎样的心境？

2. 当客户提出异议时，你将采取什么措施来化解？

二、应会能力实训

1. 异议观察实训：下述情景各属于什么类型的异议？

情景1：客户回应说："你说得或许也有些道理。但我们现在已经不感兴趣了。"

情景2：客户皱着眉头说："你说的是什么呀。你介绍的跟我刚才要求的不是一回事嘛!"

2. 应对异议的心理训练

客户皱着眉头说："你说的是什么呀。你介绍的跟我刚才要求的不是一回事嘛!"对于此种情景，你如何自我沟通？如何面对客户？

3. 异议化解训练

情景1（本项目的实训1）："……不管怎么说，就是因为你们的旋转门设计不合理而导致我撞伤的。你看怎么赔偿吧，不然我要向旅游局投诉、向报社曝光。"

情景2：售楼员对客户进行了一番介绍后，客户说："这房子价格太贵了，现在房价下滑得厉害，万科都已经降了近三成，而且这个楼盘位置在九堡，离中心城区远了，太不方便。总之，在这个位置还这个价格，没法接受。"

4. 综合情景训练

由学生来扮演案例6.2中的酒吧经理，模拟应对当时的场景，但须与案例中酒吧经理的处理方法有所区别。

模块七　常用沟通方式

活动与案例

情景活动 7.1　　　　　　　　　　请　假

你早上临时有事须去市区,按规定必须请假。你向班主任老师与1—2节课的任课老师请假。
试选用合适的沟通方式,并写出请假内容。

(1)按真实情况来模拟请假。

(2)从班主任与任课老师的角度评价你的请假效果。

(3)该活动对你有什么启发?

案例导引 7.1　　　　　**真诚的道歉才是客人最需要的**

日本系列团是某酒店很重视的接待项目之一。日本客人对客房设施特别是卫
生间要求很严格,每次有日本系列团入住,前厅和客房都会配合做好准备工作。某
日晚间,有日本团入住,可是在他们入住不久后发生了一个意想不到的硬件故
障——酒店的水管爆裂,导致客房卫生间停水。日本客人非常不满,向日本组团社
进行了投诉。酒店一方面安排工程人员进行急修,一边又积极联系导游要求其转告
客人(因存在一定的语言障碍)酒店已在全力解决以及何时可以修好,以平息客人的
诸多不满。但导游的解释似乎未起到根本的安抚作用,不能缓解客人对酒店的不
满。酒店营运总监作出了决定,带领前厅、客房主管及经理向导游学习了日语中的
道歉语,逐个房间对客人进行了真诚的道歉,很好地化解了此次投诉事件,旅行社也
更为信任酒店的合作诚意。

【即问即答】

(1)在这个时候,怎样的沟通方式才是有效的?

(2)该案例对你有什么启发?

沟通是一门实践的艺术。

实践中,不同情景要求采用不同的沟通方式,常用的沟通方式包括面对面的口
头沟通、电话沟通、书面沟通、网络沟通、演讲、谈判等。在酒店服务中,最常用的沟
通方式是口头沟通,其次是电话沟通、书面沟通、网络沟通等。

项目一　口头沟通

理论知识

口头沟通就是面对面地、以口头方式传递信息的沟通，这种沟通方式以肢体语言、声音语言、文字语言全面地传递信息，是人际沟通中的主要沟通方式，也是酒店沟通中的主要沟通方式。

一、口头沟通的特点与规律

(一)特点

口头沟通具有全面、直接、互动、即时反馈的特点。

1. 全面：沟通者在口头沟通中传递了包含文字语言、声音语言、肢体语言的全面信息，而这些全面信息又被沟通对方接收到。

2. 直接：沟通双方不需要借助其他信息渠道，双方通过自己的视觉器官、听觉器官以及心灵直接接收或感知到对方发出的信息。

3. 互动：双方在沟通中进行"信息发送→接收→发送"的传递过程，即双方是互动的。

4. 立即：双方的"信息发送→接收→发送"过程是即时开展的。

这就要求沟通者在口头沟通中要遵循沟通规律，以达成良好的效果。

(二)规律

口头沟通的过程是:先远观、后近看、再言听,然后是沟通者把听到的文字信息与声音信息、看到的肢体语言信息进行综合感知,形成对沟通者、沟通信息的综合评判,再互动反馈。也就是沟通者先从较远处观察沟通对方的形象仪态,后在近处细细地察看沟通对方的行为、礼仪与表情,再听沟通对方的招呼与开场白,接收综合信息以感知沟通对方是否热情、可亲,形成第一印象,构建亲和力;然后是在口头表达的过程中,通过伴随传递的声音语言、肢体语言信息继续加强亲和力;通过观察、询问、聆听来察知沟通对方的心理需求,针对其心理需求进行有效表述,在恰当时机进行有效促成,同时化解异议,如此达成有效沟通。只有保持积极心态,才能确保有效的肢体语言与声音语言。

口头沟通的规律:

1.沟通程式:亲和→知人→有效表述→异议化解→促成。

2.肢体语言信息与声音语言信息决定了亲和力。

3.决定肢体语言信息与声音语言信息的是心态。

二、口头沟通中的肢体语言

口头沟通始于肢体语言沟通,"先远观、后近看"就是指沟通者先从较远处观察沟通对方的形象与仪态、后在近处仔细地察看沟通对方的表情与动作。口头沟通中的肢体语言信息包括形象、仪态、表情、接待礼仪、眼神、手势等。

表 7-1 部分肢体语言所代表的意义

肢体语言	代表的意义
手势	柔和的手势表示友好、商量,强硬的手势则意味着:"我是对的,你必须听我的。"
表情	微笑表示友善礼貌,皱眉表示怀疑和不满意。
眼神	盯着看意味着不礼貌,但也可能表示有兴趣,寻求支持。
仪态	双臂环抱表示防御,开会时独坐一隅意味着傲慢或不感兴趣。

肢体语言信息是潜意识的外在表现,最接近真实内心。肢体语言信息在沟通中具有重要作用,肢体语言信息传递的正确性决定了口头沟通的有效性。

所以,我们要充分重视肢体语言信息的传递,在口头沟通中正确运用肢体语言。作为服务员,在工作中应把握以下几点。

1.形象:服务员的形象仪表应做到整洁、美观、大方、朴实。

2.仪态:仪态反应了一个人的精气神,概括起来是:"站如松、行如风、坐如钟。"

3.表情:真诚的微笑是最美好的语言,为此保持内心的愉悦。

4.接待礼仪:招呼、握手、递接名片、倒茶、让座是一个连贯的过程,应全程保持热情与微笑。

5.眼神:要保持与人的眼光交流,热情、友好、亲切、坦诚,在注视时间与空间上保持适当。

6.手势:明确、自如、和谐、适当。

7.其他:根据实际情况,本着"尊重人、方便人"原则,准确把握。

三、口头沟通中的声音语言

声音语言指有声而无固定意义的声音符号系统,包括语速、音调、音量、节奏、声音补白等。据研究者估计,沟通效果约38%受声音语言信息的影响。在口头沟通时,服务员应做到声音热情、悦耳、有节奏、发音清晰,具体如下。

1.语速。一般情况下适中,根据对方情况调整语速,对方快也可稍快,对方慢也可稍慢。

2.音调。指声音的高中低音,悦耳的是柔和的中音。

3.音量。声音大小、响亮程度,以适中为宜。

4.节奏。抑扬顿挫,声音大小结合,保持均衡、规律。

5.声音补白。适当使用"嗯"、"啊"、"你知道"等短语,要连贯、流畅。

6.发音。吐字准确、清晰。

四、口头沟通中的文字语言

口头沟通时所表达的词语文字承载了沟通的内容信息。在口头沟通中,是否了解客户心理需求、是否针对心理需求有效地组织语言进行表述、语言表述是否有逻辑、有条理,决定了口头沟通的有效性。据研究者估计,沟通效果约7%取决于文字语言信息。口头沟通中,在文字语言把握方面,服务员须注意以下几点:

1.有效:话语要针对需求展开,强调表述的有效性。

2.清晰有条理:语言表述要有条理、符合逻辑,让听者明晰。

3.简洁:表述时强调效用与逻辑,同时为听者考虑,尽可能简明扼要,切忌啰嗦。

4.恰当与敏捷:服务人员要敏捷地遣词造句,出口成章,随机应变并能敏捷地听懂词句,听出条理,而且还能听出弦外之音。不灵活,反应慢,说话结结巴巴,听得丢三落四,不利于沟通。

案例导引7.2　　　　　　　　　　**经典的说错话**

一个人非常好客,一天他决定大摆宴席,请左邻右舍、亲朋好友赴宴。到了开饭时间,仍有几人没到。有人等得不耐烦了提议可以用餐了,主人没有应允,说:"等等,该来的没来!"大家一听,原来,我们是不该来的。于是这个推说家里有事,那个说突然想起一件必须马上得办的事,纷纷借故离去。不一会儿,人走得差不多了,只剩下几个与客人最好的朋友。主人急了,忙问怎么回事,其中一个人告诉他是由于他不会说话造成的。主人明白了,大喊有点冤:"嗨,我哪里会是在说他们呀!"这几个平日和他最要好的朋友也最终离去。

在酒店服务沟通中,与客户沟通要注意下列事项:

(1)少用祈使句。避免使用命令式语气,多用请求式。

比如将"等一下"调整为"请您等一等"或"请您稍等好吗?"

将"把身份证递给我"换一种方式说:"请把您的身份证递给我一下,好吗?"

(2)少用否定句。少用"不要"、"不应该"、"不是",代之以语气委婉的语言。

比如将"请不要在大堂吸烟"换为:"请到那边的吸烟区吸烟好吗?"

(3)少用反问句。含有质问的口气,令听者反感。

比如将"我这正忙着,不会等一下吗?"换为:"您稍等好吗?"

(4)避免使用的服务用语如下:

◆不用"不知道",而说:"这个问题等我去查询一下再来答复您,好吗?"

◆不用"这里是禁烟区,请……因为这是本店的规定",而说:"实在抱歉,如果您要吸烟能否去那边的吸烟区?"

◆不用"不会"、"不行",而说"可以……吗?"

◆不说"单人房就这一间了,您要不要?"而说:"您运气真好,我们这恰好还有一间漂亮的单人房间。您现在定吗?"

(5)两条口头禅禁忌。

◆禁忌傲语口头禅:"你知道吗?"、"你明白吗?"、"我跟你讲"。

◆禁忌废话口头禅:"这个这个"、"那个那个"、"嗯"、"啊"。

(6)谦恭表述。比如"如果您有什么地方没有听清楚,我可以再说一遍",可以采用另一种谦恭的表达方式:"如果我有什么地方没有说清楚,我可以再说一遍。"

五、口头沟通要则

有效口头沟通须遵循沟通一般规律,除了合理运用肢体语言、声音语言、文字语言以外,需要遵从沟通程式、积极调整心态、听问说三结合的原则。

1.遵从沟通程式。

2.积极调整心态。积极自我沟通,保持积极心境与服务意识,养成爱自己、爱单位、爱酒店服务工作、爱客人以及宽容、体谅的心境。

3.听、问、说三结合。这是对口头沟通的简单要求,三者结合是有效沟通的基本要求。

案例导引 7.3　　　　**应聘中考核听、问、说三结合表现**

一家著名公司在面试员工的过程中,经常会让 10 个应聘者在一个空荡的会议室里一起做一个小游戏,很多应聘者在这个时候都感到不知所措。在一起做游戏的时候主考官就在旁边看,他不在乎你说的是什么,也不在乎你说的是否正确,他是看你这三种行为是否都出现,并且这三种行为是否有一定比例出现。如果一个人要表现自己,他的话会非常得多,始终在喋喋不休地说,可想而知,这个人将是第一个被请出考场或者淘汰的。如果你坐在那儿只是听,不说也不问,那么,也将很快被淘汰。只有在游戏的过程中既说又听,同时又会问,才意味着具备了良好的沟通技巧。

所以,当我们在进行沟通的时候,一定要养成良好的沟通习惯:将听、说、问三种行为相结合,并且使这三者之间的比例协调起来,如果做到了这些,说明具有良好的沟通能力。

能力训练

实训 1:"让我们谈谈"

情景:2 人一组,时间为 2~3 分钟,相互交谈,内容不限。再继续交谈,但不能用肢体语言。点评沟通表现与效果。

实训目标:训练与考核口头沟通的文字语言、声音语言、肢体语言的有效组合运用,感受没有肢体语言信息的沟通效果。

实训步骤:交谈 2~3 分钟→停下,每组学生分别说出有哪些肢体语言表现→继续交谈 2~3 分钟,不得有肢体语言。

【问题与思考】

(1)有没有意识到自己的肢体动作表现?

(2)有没有令对方不快或心烦意乱?

(3)被迫不得用肢体语言交谈时有什么感觉? 与先前一样沟通有效吗?

(4)这次实训对你有什么启发?

实训 2:进行"接待客人问候语"的声音语言训练,如"欢迎您光临……饭店"

情景:你自主设计各种问候语,模拟接待客人或招呼客人,尝试使用不同音调。

实训目标:考核与训练在招呼中的文字语言、声音语言运用。

实训步骤:客户走向前台→你招呼、问候→点评→纠正性实训。

【问题与思考】

(1)声音语言在沟通中起到什么作用?

（2）经常出错的是什么？该怎么做？

实训 3：开展文字语言训练——"大堂经理接待客人咨询"

情景：客人询问"在周末，能否举办 1000 人会议，有优秀的音响效果与摄录设备，提供 2 晚住宿、一日三餐，人均费用不超过 120 元"。酒店实际情况是"有一间大会议厅容纳 600 座，4 个中等会议厅各容纳 300 座，若干小型会议室，可以同步视频播放、有摄录设备，现在处于淡季"。你作为大堂经理如何解释，与客人基本达成初步协议？

实训目标：训练与考核文字组织能力，考核文字组织的逻辑力、FAB 法则的运用。

实训步骤：书面写好沟通用的文字素材→表述→点评。

项目二　电话沟通

案例导引 7.4　　　　　　　　**成功预订座位**

美国休斯敦某饭店宴会部的海曼小姐接到一位客人的电话，起先客人是找克莱门丝小姐预订，由于她去休假，海曼接待了这个客户。不巧的是，客人要预订的时间已经没有空位。海曼礼貌地告诉客人具体情况，并希望她改变预订的日期。

"克莱顿太太，实在对不起，您要预订的时间已经没有座位，您是否能推迟一天？"海曼微笑着问道。

"真的没有座位了吗？可是上次克莱门丝小姐告诉我随时可以找她预订。"克莱顿太太试探地问道。

"实在对不起，克莱门丝小姐已经去休假了。她临走前未与您联系上，就委托我为您预订。这样吧，我们这里还有一个餐厅，如果您不介意的话，我可以设法为您安排。"海曼建议道。

"可以，但一定要订在 8 月 5 日。"克莱顿太太强调着。

"既然如此，我很愿意为您效力。请问您要预订什么样的餐食？"海曼热情地问。

"我要 5 个餐桌的自助餐，请你按克莱门丝小姐的方式给我预订。"克莱顿太太说道。

在了解到克莱门丝经常亲自到克莱顿太太的协会去商议的情况后，海曼也去登门拜访，与她商定了具体的摆台方法、菜单内容和服务方式。如 1 号自助餐桌要求有冰雕天鹅，菜品有烤牛肉、王室烤小羊肉、牛堡海鲜、独立牡蛎、蛤蜊肉等，牛羊肉由厨师切开；调料有龙篙汁等；要求服务员着礼服，女服务员为客人斟鸡尾酒；供应名牌酒，音乐和花由饭店提供。

克莱顿太太对海曼的微笑服务感到满意，海曼也为结识到新的客户而高兴。

理论知识

一、电话沟通的特点、规律与要求

电话沟通是人际沟通中借助电话媒介来传递文字语言信息与声音语言信息的一种沟通方式。电话沟通是在沟通者双方不能见面的情况下最多使用的一种沟通方式，电话沟通在当代社会不可或缺。

(一)特点

1.信息不全面：电话沟通传递与接收的信息只含有文字信息、语音语调信息，没有肢体语言信息，相比口头沟通信息不够全面。

2.即时：沟通者双方的信息发送→接收→发送过程是立即开展的，信息反馈是即时的。

3.间接：沟通双方需要借助其他信息渠道，双方通过自己的听觉器官以及心灵，借助于电话接收感知对方发出的信息。

4.互动：双方在沟通中进行"信息发送→接收→发送"的传递过程，即双方是互动的。

(二)规律

电话沟通与口头沟通的区别仅在于沟通渠道的不同，相比口头沟通缺少了视觉系统与感觉系统可感知到的肢体语言信息，以声音语言与文字语言传递与接收信息，但其传播信息与接收信息的沟通过程、原理相同。

总结电话沟通的规律：

1.遵循沟通程式：亲和力→察知心理需求→有效表述→促成。

2.通过声音语言可感知肢体语言信息，声音语言信息决定了亲和力。

3.决定声音语言信息的是心态。

4.不适于长时间沟通，需要简洁。

(三)要求

电话沟通对于服务员或销售员作用大、要求高。

1.要符合沟通程式：亲和力→察知心理需求→有效表述→促成。

2.调整到积极心态。

3.重视与正确把握声音语言，不但要声音热情、礼貌、清晰，进行询问、记录、复述，同时也要运用正确的肢体语言，保持有活力的姿势、微笑的表情。

4.文字语言信息要简洁、有效、清晰。

二、电话沟通中常见的错误

电话沟通中常常会犯声音缺乏热情、有气无力、缺乏礼貌、对对方情况不了解、不聆听急着插话、在电话中长篇大论、表述缺乏条理等错误。具体表现为：

1. 声音缺乏热情与自信。接电话者此时接收信息主要来自于语音语调信息，热情、自信、肯定的声音会产生巨大的影响力；反之，无力的、没有感情的、吞吞吐吐的声音则会产生负面影响。

2. 缺乏必要的客套与礼貌。缺乏必要的礼貌用语，不是用"你好，是……吗？我是……请帮……谢谢……"，而是用"喂！给我叫老刘！"这样没有礼貌、语音冷淡、蛮横的言语。

3. 抨击竞争对手。抨击竞争对手是缺乏职业素养的表现，会给客户留下不好的印象。

4. 不了解谁是主要负责人或负责人的情况。

5. 不会聆听、急着插话。

6. 电话中的话语缺乏连贯与条理。话语的连贯产生力量，话语的停顿、不连贯、重复、没有条理，将产生很大的负面影响。

7. 在电话里谈论细节。在电话中只能简单地讲一下产品给客户带来的利益，避免谈论关于产品的细节。在客户了解不全面的情况下，反而会容易因为细节不清楚而产生误解，以致失去机会。

8. 在电话里商谈交易条款。电话一般不适合讨论细节与长时间讨论，需要长时间洽谈的细节一般情况下都是见面商谈，电话中无法展开详细的效用表述、系统举证，也就无法进行促成。

总结上述错误，归结为：1、2、3、5 导致失去亲和力，4、5 导致不了解客户，6、7 导致不能有效表述，8 导致不能有效促成。

所以，不管是打电话还是接电话，都要符合"亲和力→察知心理需求→有效表述→促成"的沟通程式，需要从声音、礼仪、察知心理需求、简洁地表述、有效促成这几个方面严格要求。

三、打电话

打电话需要符合沟通程式：亲和力→察知心理需求→有效表述→促成，同时尽可能地表述简洁。电话沟通方法步骤是：做好准备→培养亲和力→察知心理需求→有效表述→促成。

（一）打电话前需做好准备工作

要有好的电话沟通效果，就须事先做好准备工作，绝对不能拎起话筒就说。要从心理建设、了解对方性格与需求、电话脚本设计等方面做好全面的准备。

> 打电话前的准备：
> - 了解客户
> - 找出关键人物
> - 语言（词句、声音、肢体）准备
> - 心理建设

1. 了解客户

在给客户打电话之前，要有针对性地去了解客户。只有准确了解客户需求、潜在需求、客户的长期目标，才能有的放矢，赢得客户的关注与信任。收集客户资料可以通过多种途径来进行，例如通过客户的行业杂志、互联网等。

2. 找出关键的人物

找对人才能取得良好的沟通效果，关键人物可以决定结果。

案例导引 7.5　　　　　　　　　　**小李的准备工作**

王经理将《今日晨报》社这家客户交给小李负责。《今日晨报》是华东地区最有影响的报社之一，对于公司来讲，是一家新客户。小李首先查阅《今日晨报》的网页，了解报社的组织结构、经营理念、通信地址和电话，然后把这些记录到客户资料中。接着又给另一家报社信息中心的主任打了一个电话，了解了《今日晨报》的计算机、编辑、排版和采编等信息。然后，向行业内的朋友打听了关于《今日晨报》的其他相关资料，并了解到《今日晨报》信息中心的何彩丽主任负责此次电脑的采购。

3. 做好语言准备

(1)预先准备好文字信息：根据本次要达成的目标进行谈话内容整理，设计好电话脚本，简要记下目标、人物、观点等要点，预防忘词与提示。

(2)准备好声音语言：通过心理热身与身体活动，激发兴奋。

(3)准备好肢体语言：通过活动身体，使身体充满活力。

4. 目的明确

打电话的目的是为了沟通简短信息，而不是长篇大论。在服务中打电话是为了告知客人有关事情的简短信息。在业务推广中，打电话一般是为了约访。

（二）激活身心

打电话时的肢体语言直接关联着声音语言信息，从而决定了接听者接收信息的效果,打电话时应注意把握以下几点。

1.身体端坐、最好是站立。

2.保持笑容,笑容关系着发送的声音质量。

3.举止得体,专注地、礼貌地接听,如同面对面一样。

4.全神贯注地听,不能同时做别的事情,如写信、看文件等,不然对方能够切实感受到你在一心二用,这是对人的不尊重。

(三)亲和力建设

1.时间要适宜:一般不宜在三餐时间、早晨七时前、晚九时半后打电话,持续时间以3分钟为宜,若超过3分钟须说明主题并询问是否方便。

2.话语有礼貌:先招呼,须注意礼貌用词,按双方的角色选择语句,比如称呼"先生,您好!"询问对方单位,得到肯定答复后报上自己的单位、姓名;问清楚对方,合理使用致谢语。

3.声音热情。

4.运用"开场白"原则进行简单寒暄。

5.语言简练,避免在电话中与客户讨论细节问题或沟通琐碎信息。

6.当对方答应找人后,应手持电话静候,不做别的事或聊天。如对方说你要找的人不在,切不可立即将电话挂断而应先表示感谢。

(四)贵在询问与聆听

1.简单询问,主要为了核对真实情况。我们可以通过事前准备充分了解客户。

2.在询问后须聆听,要记录、复述、核对。

(五)有效表述、沟通准确

1.运用FAB表述,表达清晰、有条理,避免言语不支持当前话题。

2.语速适中,音调悦耳、洪亮,语调自然,发音清晰。

3.仔细斟酌言语,避免使用模棱两可、专业术语或不适合的俗语。

4.表达连贯,不能停顿、前后不一,所以打电话前需列一下提纲或设计电话脚本。

5.重要事情应向接电话人询问是否听清楚并记下,非常重要的请他再复述一遍,同时自己也记录下来以便查阅。

6.表述简洁。

(六)有效促成、简洁地化解异议

打电话时,往往会遇到客户说"马上要开会,不方便继续通话"等情况,这其实是客户提出异议的一种方式。对于此类异议,最好的处理方法是请求客户给自己一两分钟时间,简明扼要地表达自己的意图。在一般情况下,客户都会满足这样的请求。业务人员可以利用这个机会设法引起客户的兴趣。在遇到客户异议时,切记不可绝望地马上挂掉电话,因为立即挂掉电话意味着客户沟通的失败。

案例导引 7.6　　　　　　　　　　　　**电话约访何主任**

销售员：您好，请问何彩丽主任在吗？（01 句）

何主任：我是。

销售员：何主任，您好！我是 SLT 公司的销售代表，李力。相信您一定听说过我们公司生产及销售的 Seed 牌电脑。（02 句）

何主任：哦，我知道。

销售员：我听说《今日晨报》最近要更新一部分电脑，我可以在星期三上午 10 点拜访，和您就这个主题面谈一下吗？（03 句）

何主任：嗯……你先把你们产品的介绍资料和报价寄过来，我们研究一下，再与你联络吧！

销售员：好的。我可以先了解一下《今日晨报》对电脑设备的需求情况吗？（04 句）

何主任：我一会儿要去开会。

销售员：那好，我抓紧时间，只有两个简单的问题，这样我给您寄的资料会更有针对性。（05 句）

何主任：好吧。

销售员：我们公司的产品有台式电脑和笔记本电脑，不知道您对哪类产品更感兴趣。（06 句）

何主任：你先把笔记本电脑的资料寄过来吧。

销售员：那您是想给什么职位的人购买呢？（07 句）

何主任：有些记者的笔记本电脑需要更新了，不过我们还没有最后决定呢。

销售员：好的，我马上将笔记本电脑的资料快递给您，今天下午就会送到。我们开发的几款新产品，非常适合像《今日晨报》这样发展迅速的报社使用。希望能有机会拜访您，并当面介绍一下。您看我们暂定在星期三上午 10 点好吗？资料到了以后我再与您电话确认一下见面时间。（08 句）

何主任：看过资料以后再说吧！

销售员：《今日晨报》发展很快，上周我在杭州出差时，杭州的报摊上也可买到《今日晨报》了。（09 句）

何主任：是呀，我们在杭州也建立了分销点。

销售员：是吗？杭州是我负责的销售区域，那里的市场环境很好，商业发展很快。（10 句）

何主任：杭州的确是个好地方。对不起，我要去开会了。

销售员：好吧，谢谢您，何主任。希望我们能够在星期三上午 10 点见面。（11 句）

当天下午，何主任就收到了资料。

四、接电话

与打电话一样,接电话也需要符合沟通程式,同时尽可能地简洁表述。在电话沟通实践中应遵照如下要求:

1. 微笑着接听电话。

2. 铃声响 3 次即迅速拿起电话。

3. 主动问候对方,并告诉对方自己的姓名、单位名称、部门。

4. 表示理解,用温暖友好的语调。

5. 运用询问(例"我怎样才能帮助你?")来获得信息。

6. 聆听:全神贯注于对方与当前话题,并记录与复述。

电话记录包括五部分内容:时间(包括年、月、日、时、分),单位,姓名及电话号码,主要内容,处理意见;最后记录人签名,如表 7-1 所示。

表 7-1　电话记录

时间：　　年　　月　　日　　时　　分

电话人单位		电话人姓名	
主要内容:		接电话人	
		领导批示: 　　　　　　　　　　领导签字　　　年　　月　　日	

7. 经常性地用一些提示语言向对方表示正在听,例如:"是的"、"我明白"。

8. 尽可能迅速、准确地回答对方的问题,如无法帮忙则告诉他能为他做些什么,记得尽快将电话转给别人。

9. 结束时确认你的记录,检查问过的所有问题与得到的信息。

10. 感谢对方。

案例导引 7.7　　　**A 接电话(A 是××公司秘书)**

A:"您好,这里是××公司,我是小 A,请问,您有什么需要帮忙的吗?"

B:"请问你们的销售主管王先生在吗?"

A:"对不起,他现在不在,请问怎么称呼您?"

B:"我姓陈,我是他的一个客户,有一件事要咨询他,他什么时候时候回来?"

A:"对不起,他可能在短时间内回不来,如果方便,您可以留下电话和想要办理事务的简要内容,以便他回来及时回电给您。"

B:"好的,我的电话是……我要咨询他新产品的购买问题。"

A:"方便留下您的全名吗?"

B:"我的全名是陈××。"

A:"您好,陈××女士,您的电话是……您是想咨询王主管关于新产品的购买问题,有什么遗漏吗?"

B:"就这些,没有了。"

A:"好的,我一定及时将您的电话转给王主管,谢谢您的来电。再见。"

B:"再见。"

A 听到对方挂电话,再挂电话。

能力训练

实训 1:在总台打电话到 405 客房

情景:中午 12 点到了,405 房间的客人还没有下楼。此时预订入住 405 房间的客人已到前台。在总台,你怎么电话沟通 405 客房的客人尽快退房?

实训目标:训练与考核反应能力与服务意识,电话中的内容组织与声音语言运用。

实训步骤:模拟打电话给 405 客房→有效表达→点评。

实训 2:打电话给伟业公司商谈会务安排事宜

情景:伟业公司是老客户了,每年年末总要来酒店开年会、嘉奖会以及聚餐。12 月了,营销公关部负责该区域的客户代表李伟致电伟业公司办公室,就场次、规模、时间等大概做个了解,以事先做好准备与计划。

实训要求:模拟李伟致电伟业公司办公室→同学点评→纠正性实训。

实训 3:接订房咨询的电话

情景:有客户致电酒店咨询国庆住宿预定事宜。你接听电话并妥善回复。

实训要求:按照要求接听电话→同学点评→纠正性实训。

实训 4:电话沟通突发事件应对

在电话沟通活动中,你曾遇到过怎样的突发事件?你是如何应对的?有何改进的心得?请在表 7-2 中填写相关信息。

表 7-2　突发事件应对记录与计划

突发事件	以前如何应对	改进计划
①听不清对方的话语		
②接到打错了的电话		
③遇到自己不知道的事		
④接到领导亲友的电话		
⑤接到顾客的索赔电话		
补充:		

实训5：据表7-3检查拨打、接听电话的要点，找出你目前在电话沟通中的不足之处并制定改进计划

表7-3　电话沟通时的要点与改进计划

需要注意的要点	要　　点	具体改进计划
要点1：电话机旁备有笔记本和铅笔	◇是否把记事本和铅笔放在触手可及的地方 ◇是否养成随时记录的习惯	
要点2：先整理电话内容，后拨电话	◇时间是否恰当 ◇情绪是否稳定 ◇条理是否清楚 ◇语言是否简练	
要点3：态度友好	◇是否微笑着说话 ◇是否真诚面对通话者 ◇是否使用平实的语言	
要点4：注意自己的语速和语调	◇谁是你的信息接受对象 ◇先获得接受者的注意	
要点5：不使用简略语、专用语	◇用语是否规范准确 ◇对方是否熟悉公司的内部情况 ◇是否对专业术语加以必要的解释	
要点6：养成复述的习惯	◇是否及时对关键性字句加以确认 ◇善于分辨关键性字句	

项目三　书面沟通

理论知识

一、书面沟通的特点、规律与要求

在工作与生活中，除了口头沟通、电话沟通之外，还有一种比较正式的以纸质载体留存信息的沟通方式，那就是书面沟通。主要的书面沟通形式有：文章、信件、便笺等。

（一）特点

1.保存信息：文字信息存于纸质载体，可留存信息。

2.信息单一：只有文字信息。

3.互动慢：不能即时反馈，反馈速度慢。

4.正式：作为正规信息资料，内容严谨、有条理，内容组织格式清晰。

（二）规律

作为一种正式的、用于信息留存的沟通方式，沟通者以书面信息进行沟通时，同样存在亲和力（对文章的良好的第一印象）构建、问题与目的是否明确、是否有效表述、是否提出有效建议等问题，在材料的视觉观感、内容的逻辑性与有效性、段落格式的规范性、抬头与落款的礼貌用语等方面，书面沟通相比较其他沟通方式更加敏感与要求高。

总结书面沟通的规律：

1. 遵循沟通程式。

2. 亲和力非常重要，缺乏亲和力意味着书面文字失去被认真阅读的机会。

3. 文字语言信息相对缺乏吸引力，但书面文章表面的良好视觉观感（如纸质、字体、干净、清楚）、段落格式的规范性、礼貌用语使用、内容组织的逻辑性与有效性、组合运用图表与数字材料信息，也能引发亲和力。

4. 视觉观感、礼貌用语取决于心态。

（三）要求

不管是学生还是员工，不管是普通员工还是管理者，不管是服务员还是销售员，书面沟通都是生活与工作中不可或缺的沟通方式，不但可以帮助达成有效沟通，同时体现了自己及其所在部门的综合素养。

1. 书面沟通须符合沟通程式。

2. 要非常重视构建书面沟通的亲和力，从书面文章的视觉观感、礼貌用语、段落格式的规范性、内容的逻辑性与有效性、图表与数字插入运用等方面，提升文章的亲和力。

3. 书面沟通时须保持积极心态。

二、文章写作

文章是一种正式的、公开的、比较系统完整的专业性应用文，包括报告、论文、说明书等文体，这是一类非常正式的书面沟通方式。沟通者在文章写作中，永远要从文章阅读者的角度考虑，所以仍要遵循沟通程式，同时，鉴于其正式公开性与专业性，文章写作须遵照如下要求。

（一）培养文章的亲和力

1. 书面文章的视觉观感要好，如表面干净、字迹端正、载体适当，第一眼感觉好。

2. 段落格式应规范，段落、段落符号、段落标题、首字位置按照规范书写，没有段落、没有标题，文字挤在一起的文章，没有人愿意看。

3. 在文章中插入图表与数字材料，可增加文章的可看性、可信度。

4. 文章宜简练，不宜长篇大论。

5.写作时需保持积极心态,认真写作。

6.在文章开头或结尾处等适当地方运用恰当的礼貌用语,比如"从……角度对问题做一些探讨,还期望专家斧正"、"本文受到了……的帮助,对此深表谢意"。

(二)明确文章需求,即明确必要性与效用意义

1.明确背景情况。

2.说明问题情况与严重后果,要深入而具体、有明确的负效果与正效果对比。

3.写清楚文章中的问题得到解决的效用与意义。

(三)进行有效分析与方法论述

1.问题产生的原因分析。

2.解决问题的方法陈述。

3.内容强调逻辑性与有效性,紧紧围绕"问题解决"这一目标来陈述观点,运用FAB原则。

4.进行可行性论证,即以实际的正反案例来证明方法的正确性。

5.运用数字模型或公式来进一步证明方法的正确性。

(四)有效促成

根据实际情况提出建设性意见或方案,提请决策者或沟通对方做出抉择。

三、信件书写

信件是特定沟通者之间以纸质载体传递文字信息的、不公开的书面沟通方式,相比文章而言专业性不高、具有私密性,所以文体相对比较随意,但收信者的心理要求还是一样的,即要求符合沟通程式。

信件书写要求如下:

(一)信件写得清楚、有礼貌,有亲和力

1.信件字迹端正、清楚,让收信者看得明白、看得愉悦,而不是一看就心生厌烦。

2.信件中要有礼貌与尊敬用语,如尊称、礼貌用语、祝福性的结束语、敬语等。

(二)明确目的需求

1.清楚告诉读信者写信的目的:事情的情况、产生的后果、希望。写信前先问问自己:"我写这封信是为了什么?"

2.了解对方心理,根据目的与对方的心理来组织词语、语气、态度等。

(三)内容有效并确保准确理解

1.围绕写信目的组织文字,须遵循FAB原则,观点简洁、有效用。

2.尽可能通俗、简练,尽量不用专业术语,让人容易理解并准确理解。

(四)提出建议与要求,希望对方反馈

(五)信件内容遵从"SCRAP法则"

关于信件内容可以参考借鉴"SCRAP法则":

1.事件的情形(Situation)。首先告诉读信者信的主要内容是什么,比如:"上周交货时间晚了。"

2.产生的后果(Consequences)。接着阐明这一事件带来的后果,如"这种事件已经发生过很多次了,它多次导致我们未能按时完成工作。"

3.解决的方式(Resolution)。然后建议一个可行的办法,如"我们了解到是因为……那么如果……是不是可以避免再次发生这样的事情?"

4.具体的办法(Action)。指出自己会采取什么办法、期望对方做什么样的行为(改进),如"你们可以确保送货车早些出发,以便……"

5.用词的礼貌(Politeness)。用词上一定表现得彬彬有礼,不用冒犯的文字,并尽可能以祝福性的话语来结束,否则就不会有积极回应。

四、便笺、简函书写

便笺、简函是简短的书面文件,在我们的工作与生活中有着重要的作用。便笺可以作为一种简短信件留给别人,内容是核实在谈话或会议中涉及了哪些具体事项、达成了哪些协议,可以对他人发布一些指示与建议。简函是发给部门或个人的简短的、公开的函件,内容可以是背景情况说明、要求或指示建议。

书写要求:

1.可以使用SCRAP法则,但内容要很简短。

2.可以运用通俗词语,不必充满术语、行话。

能力训练

实训1:评析同学们的书面作业(如论文、报告等)

情景:取出你的作业本,按书面沟通要求对作业进行评价。

实训2:写一张交代事宜的简函

情景:你是嘉禾酒店的服务员,有事要外出请假,准备写一张给经理的请假条、写一张给带班者的注意事项交代简函。

实训3:"写一封给客户的信"

情景:关于会务安排的各种相关事宜,你计划先和龙翔商贸公司的万总书面联系一下,所以写一份书面方案,用传真发过去。写好后进行点评。

项目四　网络沟通

理论知识

一、网络沟通的特点、规律与要求

电脑改变了人们的沟通模式。过去我们告别时常说："记住给我写信。"后来常听到："再见,有事打电话。"而今天人们的告别语是："记住给我发 E-mail,有话 QQ。"可见,网络将日益代替传统的沟通方式。至少,目前网络已经成为人际沟通主要形式之一,收发邮件、网上聊天、网上教育、网上商务、网上求职等等,几乎是人们每天在做的事情。

网络沟通是指在网络上以文字符号为主要语言信息,以交流信息和抒发感情为主要目的的人际沟通。常见的沟通方式有 E-mail(电子邮件)、BBS(网上论坛)、IRC(网上聊天)、虚拟社区发表评论等,其中 E-mail、网上聊天最多用。

(一)特点

1.间接:借助于电脑进行沟通。

2.不全面:主要传递文字语言信息,没有沟通者自身的声音语言、肢体语言信息。

(二)要求

对于网络沟通中的信息接收者而言,沟通同样要遵从"亲和力→察知心理需求→有效表述→促成"的沟通程式。

二、E-mail

E-mail 是一种类似传统通信手段如信件的沟通方式,但它有自己的特点:速度快、没有空间制约;可以传递数字化的多媒体,包括文字信息、图像信息;缺乏背景信息,比如真实字迹不知道,这样会影响到整体的沟通质量。注意要点:

1.E-mail 是简易版的信件,对其文字组织的要求与信件基本相同,只不过更简洁。

2.要非常注意使用礼貌用语与请求语句,如尊称、谢谢、祝福、敬语、署名。

3.要有明确的主题。

4.有附件的,还要有简洁的说明与致谢,如"王经理:关于……的资料放在附件中请查收。谢谢! 王小武。"

三、网上聊天

网上聊天是基于网络平台如聊天室、QQ 进行一对一或一对多交流的沟通方式，它与口头沟通的聊天有很大区别。网上聊天主要通过文字语言信息进行传递，而且多以匿名方式相互沟通，因为文字语言信息的有意识加工性与人物虚假性，所以网上聊天的信息有极大的不真实性、不全面性。匿名方式的沟通可以很好地摆脱真实社会中的角色限制与内心禁锢，可以很好地释放自己，网上沟通者都以平等身份展开沟通以及运用文字信息交流有利于理清思路，所以有助于加强交流的深度。作为一种平民化的网络信息平台，网上聊天创造了一个数字化的、没有身份限制、没有地位与角色限定、人人可以参与而且平等参与、可以互动的信息世界，人们在其中可以获得在现实世界中无法感受的满足感。

顺畅地进行网上聊天，有以下几个要点：

1. 要即时反馈，反应要快，不然将失去聊天对象。

2. 熟练使用网络符号与网络时尚语言，以加强认同感，形成亲和力。

3. 沟通中加强娱乐性，娱人而娱己，提升亲和力。

能力训练

实训 1：给客户发 E-mail 或短信

情景：实习生小王发送 E-mail 给培训部王经理，内容关于询问"会议在哪里、几时开等等有关参加会议的信息。"

实训操作：小王由学生扮演、经理由老师扮演，实际写短信并发送；朗读短信息，若干同学点评、老师小结；再实践，同学总结、老师总结并引申，最后提出建议。

提示：礼仪规范。

（1）有尊称："王经理：您好！"

（2）先表明身份、客气地表示打扰与请求帮助："我是……的小王。麻烦您告诉我……"

（3）表示感谢与署名："谢谢……"

（4）事后再致谢意。"王经理：谢谢您！信已经收到。谢谢。"

实训 2：与客户通过 QQ 联系

情景：你有会务安排的新策划要与客户沟通，因为很急，刚好对方在线上，你想通过 QQ 进行详细互动。

思考与练习

一、应知知识练习

1.在生活与工作中最常用的是哪几种沟通方式？

2.口头沟通中要遵循哪些要求？

3.当今学生的书面沟通很不理想，结合你自己情况，找出问题所在。

4.结合自己情况探讨电话沟通中常出现的问题，需要怎么改正？

5.结合自己情况探讨发 E-mail 与短信时常犯哪些问题？ 如何有效沟通？

二、应会能力实训

1.口头沟通情景的分析

下面是一位前台服务员的接待情况，请你一一指出，她的言语表达存在哪些问题，并指出不当的话语的潜台词，如"你要嫌房价高"的潜台词为"住不起就别住"。

一位客人入住某饭店，想让前台将他的房价打个折。服务员说："这不是我说调就能调的，这是饭店的规定。"客人说："我出差常到你们这里住，这次是来旅游的（当时是旺季），你们优惠一点嘛，不信你可以查一查。"服务员说："那你应该知道我们房价的调整政策，现在一律不许打折，就这种房价都还供不应求呢。出来旅游花点钱没什么呀！ 你要嫌房价高，那你到别的饭店去看看吧，小饭店的房价会便宜一点。"说完便忙着去接待别的客人去了。客人非常生气，马上转身去大堂经理那里投诉。当然，以后他再来这里出差时，就选择了另一家同等档次的饭店。

2.在表 7-4 中写出在会议沟通中你的沟通三行为"说、听、问"所占的比例：

表 7-4　会议沟通自我测试表

会议沟通	沟通三行为		
	说（%）	听（%）	问（%）
接到通知			
会议当中			
会议结束			
根据沟通三行为所占的比例总结存在的问题：			

3.自我检测:请在每一组中选择你认为适合的选项。

(1)说明身份 你选择( )

A."我是腾飞公司的销售人员,我们生产办公设备。"

B."我是腾飞公司的销售代表,我叫高翔。我公司生产及销售"好助手"牌办公设备。"

(2)约请面谈 你选择( )

A."我们什么时候方便面谈一下呢?"

B."我可以在星期三上午10点左右拜访您吗?"

(3)化解异议

客户:我马上要开会。 你选择(可多选)( )

A."那就不打扰您了。"

B."我两个小时后再打过来,可以吗?"

C."我只占用两分钟(或者只问两个问题),可以吗?"

4.电话沟通自我测试

仔细阅读表格7-5,给自己打分。

表 7-5　电话沟通自我测试表

电话沟通情景	得分
1.如果对方问了一个很难的问题,我会帮助他。	
2.即使工作很有压力,我接电话时也总是保持冷静。	
3.我算是一个有耐心的人,别人都说我是一个很好的听众。	
4.不管对方行为如何,我都能忍受,而且心情不受影响。	
5.通常我对大多数事情都有热情,并且将这种热情表露于外。	
6.我在接电话时,总是面带微笑。	
7.我以我的工作为荣,也希望别人意识到这一点。	
8.我的答案绝对可靠,在告诉对方之前,我会努力寻找正确答案。	
9.我很自信,我觉得和大多数人的交往都很轻松自如。	
10.我是个善解人意的人,我总是试着从对方的角度来看问题。	
11.我认为,在电话沟通中轻松幽默感是很有必要的。	
12.我讲话时通常比较慢,并且吐字清晰,因为有时电话清晰度不是很好。	
13.在电话交谈时,我通常表现得比较主动投入,即使对方不专心。	
14.我从心底感谢那些电话里积极回应的人,并亲口向他们致谢。	
15.我相信任何争议都有两方面,认识到这一点并解决问题是很重要的。	
16.如果有人被忽视了,心情沮丧,我通常会劝慰他们,使其平静下来,并且提出我的想法和解决方法。	
17.我打电话时的声调总是很有礼貌的,即使与一个我不喜欢的人通话。	

电话沟通情景	得分
18.对每个电话我都认真对待,即使遇到了很棘手的难题。	
19.通常我与他人合作非常好,我被认为是考虑问题全面而合作的人。	
20.与人合作,我会提出自己的看法与建议,能接受别人的意见。	
21.在一起工作就要相互帮助,当我为别人接电话时一直意识到这一点。	
22.我意识到每个电话都很重要,当我在电话中与别人交谈时,无论什么时候,我代表的是我的公司而不是我个人。	

评分标准:

我做得比这差远了:2 分;比这差一点:4 分;比这好一点:6 分;比这好很多:8 分。

你的得分是 _____ 。140～160 分,优秀;102～138 分,良好;82～100 分,不错;52～80 分,有待改进;40～50 分,各方面都需要改进。

5.电话沟通实践

情景 1:销售《客户沟通技巧》培训课给××公司,电话约访公司文经理。

情景 2:接听某客户(××公司的销售经理)对《客户沟通技巧》培训的咨询。

情景 3:写电话约访的脚本。

6.写一份应聘营销岗位的自荐书。

7.写一份便笺:交代相关事情,内容自定。

8.写一份致总经理的"问题与建议"的报告书。

知识拓展

一、谈　判

在职场工作中,谈判是重要的组织沟通手段,是群体与群体之间达成合作目标的有效手段之一。作为经理人,必须掌握谈判的相关要求。作为服务员,也应有所了解。

(一)决定谈判成败的要素:

1.亲和关系建设。

2.事先精密认真的准备:情报工作、计划与策略、谈判的有效组织等。

3.有效实施正确的谈判过程。

4.有效地处理僵局。

5.策略技巧运用:语言技巧的运用等。

(二)亲和关系建设

1.了解对方:了解对方的人格模式、了解谈判对手的心理需求。

2.营造友好气氛:选择与布置舒适的谈判场所,在开局时相互有礼貌,创造尊重的氛围,在谈判中始终保持轻松和谐的气氛,要对事不对人,保持亲和力。

(三)认真准备

在谈判前全面收集各方面情报,制订合理的谈判计划并演练。

(四)正确实施过程

导入阶段→概述阶段→明示阶段→交锋阶段→妥协阶段→签订协议。

(五)有效僵局处理

把握"闻过则喜"的积极态度,冷静、不争吵,不直接说"不"的原则;有效运用变化求机缘、灵活让步、转移话题、动用情感等技巧。

(六)有效策略技巧运用

有效运用时间策略、空间策略、物质策略、信息策略、人员策略、需求策略、价格策略和语言技巧,结合实际情况形成最恰当的策略组合。

二、下行沟通

这里简单介绍下行沟通的部分沟通事务,如下达命令、赞扬下属、批评下属。

(一)下达命令

命令是主管对部下特定行动的要求或禁止。它也是一种沟通,但带有组织阶层上的职权关系;它隐含着强制性,会让部下有被压抑的感觉。命令虽然有缺点,但要确保部下能执行组织确定的方向与计划执行,命令是绝对必要的。那么如何命令比较有效呢?

1.态度和善,用词礼貌。例如"小李,麻烦你把文件送去复印一下"。这需要领导者有人文意识、尊重意识。

2.正确传达命令意图。下达命令时,要正确地传达命令,不要经常变更命令;不要下一些自己都莫名其妙的命令;不要下一些过于抽象、让部下无法掌握的命令;不要为了证明自己的权威而下命令。

"5W2H"是内容重点,把握这一原则就能正确地传达你的意图。

Who(执行者):＿＿＿＿＿＿＿＿＿＿＿＿＿＿＿＿＿＿＿＿

What(做什么):＿＿＿＿＿＿＿＿＿＿＿＿＿＿＿＿＿＿＿＿

How(怎么做):＿＿＿＿＿＿＿＿＿＿＿＿＿＿＿＿＿＿＿＿

When(时间):＿＿＿＿＿＿＿＿＿＿＿＿＿＿＿＿＿＿＿＿

Where(地点):＿＿＿＿＿＿＿＿＿＿＿＿＿＿＿＿＿＿＿＿

How many(工作量):＿＿＿＿＿＿＿＿＿＿＿＿＿＿＿＿

Why(为什么):＿＿＿＿＿＿＿＿＿＿＿＿＿＿＿＿＿＿

3.让部下明白这件工作的重要性。例如:"小王,这次项目投标是否能成功,将决定我们分公司今年在总公司的业绩排名,对我们来说至关重要。希望你能竭尽全力争取成功。"

4.共同探讨状况,引导下属提出疑问与建议。例如:"我们都了解了目前的状况是这样的,我们来讨论一下该怎么做","小王,关于这个投标方案,你还有什么意见和建议吗?"

5.给部下更大的责权。例如:"这次展示会交由你负责,关于展示主题、地点、时间、预算等请你作出一个详细的策划,下个星期你选一天,我们要听听你的计划。"

(二)赞扬部下

要建立良好的人际关系,恰当地赞美他人是必不可少的。"赞美出天才,惩罚出白痴。"

1.态度要真诚。要发自内心,在肢体语言、声音语言方面体现出来,肢体语言、声音语言、文字内容方面要吻合。

2.内容要具体。不能泛泛表扬,而要确指具体事情。例如:"你处理这次客户投诉的态度非常好,自始至终婉转、诚恳,并有效地解决了问题,你的做法正是我们期望员工要做的标准典范。"

3.注意赞美的场合。最好是公开赞扬,最好是能被大家认同及公正评价的事项。

4.适当运用间接赞美的技巧。运用对方直接管理者的赞扬话语,会有很好的效果。例如:"前两天我和刘总经理谈起你,他很欣赏你接待客户的方法,你对客户的热心与细致值得大家学习。好好努力,别辜负他对你的期望。"

(三)批评部下

一般人都不愿意被人否定与批评。所以批评要慎重、要讲究技巧,争取达到"良药不苦口、忠言不逆耳"的效果。

1.以真诚的赞美做开头。例如:"小武啊,大家都看到了,你来我们单位有半年了吧,一直表现很好的,最早来、勤快,对同事热情有礼貌,对客户热情主动。"

2.要尊重客观事实、就事论事。例如:"最近呢,我发现你的表现不如前段时间,有几次迟到、还跟客户吵架,是不是这样?"

3.指责时不要伤害部下的自尊与自信。例如:"你以往的表现都比较优秀,希望你不要再犯这样的错误。"

4.友好地结束批评。比如说"我想你会做得更好"或者"我相信你",并报以微笑。

5.选择适当的场所。批评时最好避开公开场合。

三、上行沟通

服务员在职场工作中必须要与管理者沟通,包括汇报工作、接受任务、申请建议等。

(一)向领导请示与汇报

1.礼貌地称呼领导。

2.简单总结工作情况。

3.仔细聆听领导的命令(用传统的5W2H方法来快速记录工作要点)。

4.与领导探讨目标的可行性、拟订详细的工作计划。

5.在工作进行期间随时向领导汇报。

6.在工作完成后及时总结汇报。

(二)说服领导

1.选择恰当的提议时机。通常推荐在上午10点左右,午休结束后的半个小时里。总之,要选择领导时间充分、心情舒畅的时候提出改进方案。

2.礼貌地称呼领导,面带微笑、充满自信。

3.简单总结报告工作情况,设想下一阶段的思路并征询领导意见。

4.运用FAB表述,观点有条理、逻辑清晰,简明扼要,重点突出。

5.充分运用资料及数据来证明。做成书面材料,借助视觉力量,会加强说服力。

A主管:关于在通州地区设立灌装分厂的方案,我们已经详细论证了它的可行性,大概3～5年就可以收回成本,然后就可以盈利了。请董事长一定要考虑我们的方案。

B主管:关于在通州地区设立灌装分场的方案,我们已经会同财务、销售、后勤部门详细论证了它的可行性。根据财务评价报告显示,该方案在投资后的第28个月财务净现金流由负值转为正值,这预示着该项投资将从第三年开始盈利,经测算,该方案的投资回收期是4～6年。从社会经济评价报告上显示,该方案还可以拉动与我们相关的下游产业的发展。这有可能为我们将来的企业前向、后向一体化方案提供有益的借鉴。与该方案有关的可行性分析报告我已经带来了,请董事长审阅。

记住:只有摆出新方法的利与弊,用各种数据、事实逐项证明,才能让领导不认为你有头脑发热、主观臆断的嫌疑。

6.设想领导质疑,事先准备答案。

7.致歉与致谢。礼貌地告辞,给领导一段思考和决策的时间。即使领导不愿采纳你的意见,你也应该感谢领导倾听你的意见和建议,同时让领导感觉到你工作的积极性和主动性。

模块八　酒店岗位事务沟通综合训练

　　酒店运营事务包括服务客户、酒店产品营销、公共关系事务处理、内部事务管理、突发事件处理等。这些事务的处理都涉及人际沟通，人际沟通质量的好坏直接影响到工作的效果。本模块选择与服务员沟通能力有关的项目进行综合训练，希望通过综合情景训练能够有效帮助基层服务员达成初级沟通能力，提高沟通素养。

　　本模块选择了涉及基层服务员沟通事务的服务沟通、营销沟通、投诉与突发事件处理、内部沟通四个项目，其他情景项目如外部沟通、管理沟通因为服务员不直接涉及，暂不列入，如有兴趣请查阅相关组织沟通、管理沟通的书籍。

项目一　酒店服务沟通综合训练

能力标准

　　酒店服务岗位包括门房、前台、客房、餐厅、康乐、酒吧、商务中心以及大堂等，它们为客人提供各种类型的服务。在提供服务时，服务员与客人进行交流、开展沟通，这类服务沟通的有效性决定了酒店服务的品质。

表 8-1　服务类沟通的能力标准

能　　力	标准内涵	不合格	及格	良	优
心理素养	积极心态与服务意识				
亲和力	良好形象与仪态、寒暄、亲切声音、会同步				
知人力	会观察与判断人格、会信息搜集、会询问、会聆听				
表述力	会复述、会 FAB 表述				
促成力	征询式的建议				
异议化解力	会聆听、会情绪同步、会询问、会解决、报告				
沟通过程	沟通程式：亲和→知人→表述→促成→化解异议				

综合能力训练

实训 1：前台接待

情景：望湖酒店，一位长者走向总台，作为总台服务员的张小姐如何接待？

长者的情况：海外华侨，年轻时浙大毕业，有西湖情结，想住在可看西湖，单间，有木浴缸，安静的房间，并要酒店代为旅游安排以及购买飞往美国的机票。这些情况张小姐事先不知道。

实训目标：训练与考核学生的前台接待能力，要求学员在"形象、仪态、表情、招呼、询问、聆听、认同、记录、复述、表述建议、促成、异议化解"等方面符合能力标准，基本符合"亲和→知人→表述→促成→异议化解"的沟通程式。重点考核"热情的招呼、询问、复述、客房介绍"。

实训内容：学生在前台接待中，展现"有形象、仪态、表情，会招呼、会询问、会聆听、会认同、会记录、会复述、会表述建议、会促成、会异议化解"等沟通要素，按沟通程式展开沟通实践过程；重点是会招呼、会询问、会复述、会介绍客房。

实训步骤：服务员在总台，长者走向总台→情景摄录，处理后播放→同学点评→录像分析、师生点评→再次模拟实训。

实训 2：餐厅服务

情景：华侨饭店·天堂居餐厅，有三男二女五位客人来吃饭，其中一位大哥主动招呼点菜。你作为服务员将如何与客人沟通？（客人真实情况：来自湖南，想尝尝杭州风味，但你开始不知道。）

实训目标：训练与考核餐厅服务能力，要求学生在"主动、热情地招呼，引导座位，上茶，寒暄；询问；聆听、记录，复述；介绍菜品；促成；处理异议"方面达到能力标准，基本符合沟通程式；重点考核"寒暄、询问，介绍、复述"。

实训内容：学生在餐厅服务中，展现"会主动、热情地招呼，会引导座位，会上茶，会寒暄；会询问；会聆听与记录，会复述；会介绍菜品；会促成；会处理异议"等沟通要素，按沟通程式展开沟通实践过程。重点是"会寒暄、会询问，会介绍、会复述"。

实训步骤：学生扮演客人→走向餐厅→你接待→你负责点菜→摄像→播放→同学点评→再次模拟实训。

实训 3：康乐服务

情景：国际饭店的康乐中心，二位客人走向在服务台工作的你。

实训目标：训练与考核康乐服务能力，要求学生在"招呼，微笑、欠身，寒暄，询问，聆听，记录，复述，介绍，促成"等方面达到能力标准；重点考核"招呼，微笑、欠身；询问，聆听，尤其是记录、复述；FAB法则介绍；促成"。

实训内容：学生在康乐服务中，展现"会主动、热情地招呼，会微笑、欠身，会适当的寒暄,会询问,会聆听、记录,会复述,会介绍,会促成"等沟通要素,按沟通程式展开沟通实践过程。重点训练"会热情招呼、微笑欠身,会询问并聆听,能复述客人要求并进行介绍,会有效促成"。

实训步骤:角色扮演、摄像→同学点评→纠正性实训→撰写实训报告。

实训 4:商务中心的打印与传真服务

情景:客户来到商务中心,要求打印一份文件并传真给××公司。

实训目标:考核整个沟通过程是否顺利。

能力拓展训练

训练 1:前台服务员办理离店服务时的客户沟通

注:态度更加热忱、服务更加细致与耐心、发自内心的致谢与祝福,等等。

训练 2:"领班"与"大堂经理"作客户咨询

注:要求做到稳重、热情,系统地询问、认真地聆听,专业地进行表述与指导等。

项目二　酒店营销沟通综合训练

能力标准

酒店营销事务包括营销部的客房业务、订餐业务、会务销售以及礼品销售等。销售的成败基于沟通的有效性,基于沟通时销售员的心态、亲和力、对客户的了解、有效介绍、促成、有效异议化解以及优秀的售后服务。

表 8-2　营销中沟通工作的能力标准

能力	标准内涵	不合格	及格	良	优
心态	积极心态、"无我"思想				
亲和力	良好形象与仪态、会寒暄、有亲切声音、会同步沟通、会聆听与认同				
知人力	会观察与判断人格、会搜集信息、会询问、会聆听				
表述力	会复述与认同需求、会进行利益表述				
促成力	会适当地促成				
异议化解力	心态积极,会询问、会分析异议并进行针对性地介绍				
售后服务力	服务热情,会处理抱怨,会跟进				
沟通过程	沟通程式:亲和→知人→表述→促成→化解异议→跟进服务				

综合能力训练

实训1：出外拜访客户进行会务销售

情景：酒店公关营销部小王拜访阿布公司的王总，洽谈阿布公司系列会议、活动承办事宜以及1月举办年会的具体事宜。这是小王首次拜访王总。

实训目标：通过拜访客户实训，基本达成销售沟通能力："会做好准备工作：客户资料收集、对客户的了解；会心态调整：深呼吸、握紧拳头、冥想等自我激励动作，让自己充满自信、热情；会合乎礼仪的敲门、招呼、入座等；会开场白：寒暄、同步法则运用，铺垫，转入正题；会询问；会聆听：微笑、眼光交流、点头、欠身、记录，复述；会FAB表述；会有效促成；会异议化解；会跟进。"重点是"熟悉准备工作流程，保持积极心态，有亲和力，会FAB表述，会有效促成，会跟进"。

实训内容：训练与考核客户拜访实训中"各种准备工作；敲门前的心理调整与形象设计；敲门、招呼、礼仪动作、寒暄；开场白、询问、聆听、记录；复述、介绍；促成、异议化解。"等沟通要素的有效运用。

实训过程：准备→敲门……促成→达成协议→离开办公室。

实训2：大型活动咨询接待

情景：客户来到酒店，服务员将其领到客户部，作为公关营销部营销员的你接待他。

实训目标：通过咨询接待实训，基本达成沟通能力："会招呼、会接待礼仪；会寒暄；会询问；会聆听；会介绍；会促成；会化解异议；会跟进。"重点是"会接待礼仪，会寒暄，会询问与聆听，会表述"。

实训内容：训练与考核咨询接待实训中"招呼、礼仪动作、寒暄；询问、聆听、记录；复述、介绍；促成、异议化解。"等沟通要素的有效运用。

实训过程：客户与酒店服务员来到办公室，你接待他……直到客户离开办公室。

实训3：接订房咨询的电话

情景：一位客户打电话到服务台咨询有关订房情况，前台服务员接电话。要求有较强的销售意识。

实训目标：通过接电话实训，基本养成沟通能力。比如掌握准备动作，表情从容；会电话礼仪：响三下接电话，热情地招呼"你好，我是昆仑酒店前台，请问有什么可以帮到你吗"；会询问；会聆听：微笑、眼光交流、点头、欠身，记录，复述；会表述；会促成；会化解异议。

实训内容：训练与考核接电话实训中"接电话时的各种准备工作；接电话时的心理调整与仪态动作；接电话的时机、招呼、寒暄；询问；聆听、记录；复述、介绍；促成、异议化解"等沟通要素的有效运用。

实训过程:从接电话直到挂机。

实训4:礼品销售

情景:购物部营业员接待一对来自印尼的中年华侨夫妇。

实训目标:通过礼品销售实训,基本达成沟通能力"会招呼、会接待礼仪;会寒暄;会询问;会聆听:微笑、眼神交流、点头、欠身,记录,复述;会介绍;会促成;会化解异议;会跟进"。

实训内容:训练与考核礼品销售实训中"招呼、礼仪动作、寒暄;询问、聆听、记录;复述、介绍;促成、异议化解"等沟通要素的有效运用。

实训过程:客户走向柜台,你接待他⋯⋯直到客户离开柜台。

能力拓展训练

训练1:模拟开展大客户销售,拜访某公司经理。

注:销售中要表现出积极的热情,进行专业的表述,提供自然的跟进服务等。

训练2:面对酒店老总应聘酒店餐饮部领班岗位

注:要求销售人员自信、热忱、稳重,具有亲和力,表述有逻辑、有条理,符合FAB原则,具有较强的职业修养。

项目三　投诉与突发事件沟通综合训练

能力标准

在酒店服务工作中,会发生客户异议、投诉抱怨等突发事件。对此,服务员必须有效沟通,这样才能确保酒店服务质量。因此,服务员在面对投诉、抱怨与突发事件时,应该严格要求自己,在沟通方面达到规定的能力标准。

表8-3　应对突发事件的能力标准

能　力	标准内涵	不合格	及格	良	优
心理素养	积极的心态与良好的服务意识,"客户是上帝"				
亲和力	良好形象与仪态、寒暄、亲切声音,会情绪同步				
知人力	会观察、会问会听,快速了解到问题点与需求				
表述力	会情绪同步、会复述与客户需求,会FAB表述				
异议化解力	会分析异议,迅速采取措施化解异议				
促成力	会有效提出合适的建议				
沟通过程	符合沟通程式:亲和→知人→表述→化解异议→促成				

综合能力训练

实训1：前台突发事件处理

情景：深夜，前台服务员接待的一群游客比预订时间来晚了，并且客人都饥肠辘辘。

实训目标：通过前台突发事件实训，基本达成沟通力"会合礼仪的招呼与寒暄、同理心；会询问、聆听、记录；会复述与提出建议；会促成与化解异议"。重点是"会热切的、关心的寒暄与同理心，会询问需求，快速联系提出有效的吃住方案"。

实训内容：训练与考核突发事件处理中"有礼仪的招呼、寒暄；询问、聆听、记录；复述、介绍；促成、化解异议，同理心与快速解决"等沟通要素的的有效运用；重点考核"同理心、询问与FAB方案建议、快速联系以提供吃住"等沟通要素的有效运用。

实训过程：客人嚷嚷着走向前台，你接待他们……直到安排好客人。

实训2：餐厅突发事件处理

情景：餐厅点完菜后，客人嫌上菜慢，起身要走，你发现了，立即上前……

实训目标：通过餐厅突发事件实训，基本达成沟通力"会热情招呼与询问、会聆听，会抱歉与同理心，会感知到客户内心需求，会快速建议与行动，会促成与化解异议"。重点是"会同理心与抱歉，会快速行动，会促成与异议化解"。

实训内容：训练与考核突发事件处理中"招呼与询问、聆听，抱歉与同理心，快速建议与行动，促成与异议化解"等沟通要素的的有效运用；重点考核"同理心与抱歉，快速行动，促成与异议化解"等沟通要素的的有效运用。

实训步骤：客人嚷嚷着要走，你劝解他们……最后坐下来。

实训3：投诉处理

情景：在大堂，客人嚷嚷着："屁股被钉子锉破皮了，赶紧给医治……还要赔偿，不然……"

实训目标：通过投诉处理实训，基本达成沟通力，"会热情招呼与询问、会聆听，会情绪同步、会感知到客户内心需求，会快速建议与行动，会促成与异议化解，报告经理"，重点是"会情绪同步与快速建议，会促成与异议化解"。

实训内容：训练与考核投诉处理中"招呼与询问、聆听，情绪同步，快速建议与行动，促成与异议化解，报告经理"等沟通要素的的有效运用。

实训步骤：客户嚷嚷着，你试着劝解他。

能力拓展训练

训练1：领班或大堂经理处理客户投诉或突发事件

注：特别要求稳重、热情；非常恰当地用肢体语言与声音语言表达同理心与抱歉；非常系统的询问与 VIP 级的聆听；非常专业的解释表述与建议促成；聆听中的记录与解决方案的记录整理成报告；快速的正式回复与补偿，抱歉与致谢等。

项目四　酒店内部沟通综合训练

能力标准

酒店企业内部成员之间的有效沟通是酒店高效运行的前提条件。酒店内部沟通包括上行沟通、下行沟通、斜向沟通、平行沟通，对于一般服务员而言，相关的组织内部沟通涉及到上行沟通、平行沟通、斜向沟通。这些沟通行为关系到服务员的工作完成质量、人际关系，极其重要。服务员的内部沟通与服务员的客户沟通有较大区别，但仍然遵照沟通程式。

酒店内部沟通事务的沟通能力标准如表 8-4 所示：

表 8-4　内部沟通能力标准

能力	标准内涵	不合格	及格	良	优
心理素养	积极心态与服务意识，尊重同事				
亲和力	良好形象与仪态、寒暄、亲切声音、会同步沟通				
知人力	会观察、会询问、会聆听，能够确切分析问题				
表述力	会情绪同步，会复述，会 FAB 表述，会情绪认同				
异议化解力	会分析异议、会进一步解释				
促成力	会有效提出合适的建议				
沟通过程	沟通程式：亲和→知人→表述→化解异议→促成				

综合能力训练

实训 1：上行沟通

情景：作为餐饮部领班，关于酒店的圣诞节活动，你有了一个相关的计划。向经理建议。

实训目标：通过上行沟通实训，基本达成沟通力"会尊重地、礼貌地称呼，会开场白（简单总结最近单位与个人工作表现、经理的意见、同事们的思想与愿望），会聆听，会FAB表述建议，会数据与资料举证，会征询领导意见，会促成（提议、资源支持），会礼貌谢别"。重点是"会尊重地、礼貌地称呼，会开场白（简单总结、同事们的思想与愿望），会聆听，会FAB表述、数据与资料举证，会促成，会礼貌地谢别"。

实训内容：训练与考核上行沟通中"尊重而有礼貌地称呼，开场白，聆听，会FAB表述，征询领导，促成，致谢与道别"等沟通要素的有效运用。

实训过程：拟定好计划书，到经理办公室汇报工作、提议。

实训2：平行沟通

情景：客房服务员与前台服务员商议：快到12点了，新的客人要入住，客房服务员要求前台服务员采取措施有效地让客人结账离房，客房服务员好整理客房。

实训目标：通过平行沟通实训，基本达成沟通力，"会热情地、礼貌地招呼，表情与声音动人，会寒暄、清楚地表达，会核对，会聆听、会记录、会复述，会促成，会致谢"。重点是"会热情地招呼与寒暄，清楚地表达、会核对，会聆听、会复述，会促成，会致谢"。

实训内容：训练与考核平行沟通中"热情礼貌地招呼，表情与声音，寒暄，语言清楚表达、核对，聆听、记录、复述，促成，致谢"等沟通要素的有效运用；重点考核"热情招呼与寒暄，清楚表达、核对，聆听、复述，促成，致谢"等沟通要素的有效运用。

实训过程：通过电话或口头沟通，客房服务员与前台服务员迅速沟通上述事宜。

能力拓展训练

训练1：进行斜向沟通：向其他部门的经理沟通反映情况

注：服务员在此时需要调整情绪，使心情平静下来；对其他部门的经理尤其要尊重、礼貌，以请教的口吻，力避责备的语气；语言表述要清晰、语速平稳，避免太快；内容要有条理、简洁；有可行的要求和建议，有效促成；要适时的致歉与致谢。

训练2：进行下行沟通：指挥、传达命令或者提议

注：作为领导（经理），此时要摆正心态、有尊重人的心境，态度和善，用词礼貌；正确传达命令意图，让部下明白事务的重要性；共同探讨状况，引导部下提出疑问和建议。

参考书目

1. 旅游行业培训教材研发中心编写. 职业能力训练学习手册. 北京：旅游教育出版社，2005

2. 任彩维编著. 客户服务技巧. 广州：广东经济出版社，2003

3. 张永宁主编. 饭店服务教学案例. 北京：中国旅游出版社，1999

4. 王春林编著. 饭店管理沟通实务与技巧. 北京：中国旅游出版社，2006

5. ［日］桥本保雄著. 大仓饭店接待艺术. 何世纯、陈晶译. 北京：中国旅游出版社，2002

6. 韦明体主编. 现代酒店服务意识. 重庆：重庆大学出版社，2008

7. 程星造编著. 星级饭店餐饮服务案例选析. 北京：旅游教育出版社，2000

8. 众行管理资讯研发中心编著. 服务人员的五项修炼. 广州：广东经济出版社，2002

9. 宋豫书著. 赢得客户的沟通细节. 北京：经济管理出版社，2007

10. 海平编著. 攻心销售力. 北京：新世界出版社，2008

11. 天宇编著. 如何赢得顾客的心. 北京：中国致公出版社，2008

12. ［美］达里尔·多恩，罗斯·斯洛特著. 客户服务培训游戏精选. 廉晓红译. 北京：电子工业出版社，2004

13. ［美］妮蒂雅著. 性格解析. 江雅苓译. 乌鲁木齐：新疆人民出版社，1998

14. 余世维著. 有效沟通——管理者的沟通艺术. 北京：机械工业出版社，2006

15. 李岳编著. 倾听弦外之音：语言本来是透明的. 北京：中国物资出版社，2006

16. ［奥］赛弥·莫尔肖编撰. 体态语言大全. 贾慧碟译. 上海：同济大学出版社，2005

17. 陈翰武编著. 语言沟通艺术. 武汉：武汉大学出版社，2006

18. ［英］吉伦著. 客服人员技能培训. 魏清江，方海平等译. 北京：机械工业出版社，2004

19. 李文国主编. 推销实训. 大连：东北财经大学出版社，2008

20. 邹华英编著. 会说会听会推销. 北京：人民邮电出版社，2008

21. 龚士林，曾艳丽主编. 推销技术. 武汉：武汉大学出版社，2008

22. 贾启艾编著. 人际沟通. 南京：东南大学出版社，2006

23.金波主编.职业经理沟通技巧训练.北京:高等教育出版社,2004

24.安宇编著.销售人员五项基本技能训练.北京:北京大学出版社,2004

25.苏兰君主编.现代市场营销能力培养与训练.北京:北京邮电大学出版社,2005

26.谢敏编著.管理能力训练基础教程.上海:华东师范大学出版社,2007

27.李晓主编.沟通技巧.北京:航空工业出版社,2006